50代からの人生戦略

JN110328

佐藤 優

青春新書
INTELLIGENCE

まえがき

私は1960年（昭和35年）生まれなので、もうすぐ還暦（60歳）を迎える。時の流れは本当に早い。幼稚園のころ、父と母に連れられて2歳下の妹と見沼代用水（埼玉県さいたま市）に出かけたのがつい2、3年前のように思える。現在、私は母校の埼玉県立浦和高校と同志社大学神学部（京都市）で教壇に立っているが、学生時代もそれほど遠い過去のことのようには思えない。

2019年11月末、外務省が過去の外交文書を公開した。その関連で新聞記者から電話がかかってきた。「今回公開された文書の中に、1986年から1988年のソ連内政関連文書という書類の束があります。佐藤さんが書いたものがあるのではないかと思って電話しました」という話だった。

私は同志社大学大学院神学研究科を修了し、1985年に外務省に入った。87年8月から88年4月まではモスクワ国立大学でロシア語を研修し、この年の5月からモスクワの日本大使館政務班での勤務が始まった。新聞やテレビのニュースの翻訳や、ソ連外務省プレスセンターで記者会見を聴いてまとめるのが駆け出し外交官の仕事だった。

いずれ私が書いた公電（外務省が公務で用いる電報）も公開されるだろう。89年末からは私は積極的に情報を入手するようになり、ソ連共産党幹部や科学アカデミーの学者から入手した秘密情報を公電で報告するようになった。来年以降に公開される外交文書では、私が起案したこれらの公電も秘密指定を解除されているのではないかと思う。

情報を取るためにモスクワを走り回っていたのは、私の記憶ではつい昨日のことのように思えるが、時は着実に経過している。

私の同学年生の多くが２０１９年度に定年を迎える。高校、大学時代の友人から「佐藤はいいなあ。定年のショックがなくてうらやましいよ」とよくいわれる。私は「うらやましいなんていわれる筋合いはないな。でも作家は個人事業主なので、定年がないのは確かだ」と答えている。

私は２００２年に吹き荒れた鈴木宗男事件の嵐に巻き込まれ、この年の5月14日に背任容疑で東京地方検察庁特別捜査部によって逮捕された。その後、偽計業務妨害容疑で再逮捕され、東京拘置所の独房に５１２日間勾留された。

この経緯については、私が作家としてデビューした『国家の罠―外務省のラスプーチンと呼ばれて―』(新潮社、２００５年)に詳しく記したので、ここでは繰り返さない。

私は無罪を主張して争ったが、２００９年６月30日に最高裁判所で有罪(懲役２年６カ月、執行猶予４年)が確定した。幸い執行猶予がついていたので、刑務所で服役することにはならなかった。

もっとも、２０１３年に執行猶予期間が満了するまではいつも緊張が続いていた。人間の心理はとても不思議だ。逮捕、勾留、裁判、そして執行猶予の期間は、不愉快だと思ったり面倒だと思ったりしたことはあるが、怖いと感じたことは一度もなかった。ところが、２０１３年６月30日24時に執行猶予期間が満了して自由の身になった瞬間、「二度とこんな経験はしたくない」と怖くなって全身が震えた。

そのとき、ロシアの作家ドストエフスキーのことを思い出した。ドストエフスキーは革命運動に関与して逮捕され、銃殺刑を言い渡された。刑場に引き立てられ、処刑台に立たされる直前に皇帝からの使者がやってきて、恩赦で死刑を免除し、シベリアへの流刑に減刑するとの決定が伝えられた。

刑場に連行されたとき、ドストエフスキーには眩しい光が見えたという。死ぬこと自体は怖くなかったそうだ。しかし、勅令によって命が助かったと知った瞬間にドストエフスキーは命が惜しくなり、とても怖くなったという。国家は人の命を奪うことだけでなく、命を救うこともできるという現実に直面したからだ。

生殺与奪権は自分にではなく国家にあるということを体で知ったドストエフスキーはその後、過剰なほど愛国主義的な発言をするようになった。国家が怖かったからだ。私にもドストエフスキーのこの思いがよくわかる。

国家との緊張した関係があったので、私は自分の定年について忘れていた。私は刑事事件で有罪になったにもかかわらず、外務省からは一切処分を受けていない。国家公務員法には、禁錮刑以上の刑（執行猶予も含む）が確定した者は自動的に国家公務員の身分を失うという規定がある。定年が早くやってくるようなものだ（ただし、退職金は出ない）。

私は2013年7月半ばに自動失職した。これが私の定年だが、すでに05年から作家生活に入っていたので、定年によって生活が大きく変化することはなかった。

しかし、外務省に残っていたらどうなっていただろう。今ごろは中央ヨーロッパか中央アジア、もしくはバルト諸国の大使を務めるか、外務本省で情報関連部局の幹部になっていた可能性が高いと思う。

外務省の定年は63歳だ。退職後は企業の顧問になる外交官がほとんどだが、私はそのような選択はしなかっただろう。おそらく、どこかの大学でロシア事情か国際関係を教えつつ、ソ連崩壊のころの回想録を書いていたと思う。もっとも、出版社を回ってもどこにも引き受けてもらえず、300万円くらい自腹を切って自費出版していたであろう。

いずれにせよ、鈴木宗男事件に連座しなければ作家・佐藤優が誕生することはなかった。私は比較的慎重な性格だ。もしあの事件がなかったら、40代末から定年後の戦略を練り、50代は試行錯誤しながら定年後に向けた準備を進めていたはずだ。そういう自分を想像しながら本書を書き進めた。

本書を上梓するにあたってはライターの本間大樹氏、青春出版社プライム涌光の岩橋陽二氏にたいへんお世話になりました。どうもありがとうございます。

2019年12月2日、京都市左京区修学院にて

佐藤優

50代からの人生戦略——目次

第1章 50代からの「残り時間」

第2章

50代からの「働き方」

第3章

50代からの「職場の人間関係」

第4章

50代からの「お金」

第5章 50代からの「家族関係」

第6章 50代からの「自分磨き」

企画協力　本間大樹
カバー写真　Shutterstock
帯写真　坂本禎久
本文ＤＴＰ　佐藤純（アスラン編集スタジオ）

第1章

50代からの「残り時間」

〝折り返し地点〟はもうすぎている

50代、人生の折り返し地点はすでにすぎました。残り時間がだんだん限られてくるため、時間に対する意識も、その使い方も当然変わってきます。

30代、40代は仕事に集中し、成績を上げ、競争に勝ち残ることに費やす時間が多かったはずです。社内の人間関係も大事だし、社外の人脈も広げていかなければならない。

しかし50代になると、いろいろなことがはっきりしてきます。現実もある程度見えてくる。自分の能力や適性、組織や会社の限界がわかってきます。

すると、むやみにがんばる必要もなくなってくる。仕事に投入していたエネルギーや時間を、家族や友人などとのプライベートな人間関係、個人的に興味のある分野へと次第にシフトしていくのが50代だと思います。

私自身、50代になってから仕事も人脈もかなり絞り込まれました。そうしないと、余計なことに時間を使わされてしまう。限られた残り時間において、自分にとっては何が重要で何が不必要なのか？　はっきり線引きしたうえで、時間を必要なものに集中して割り当てることが求められます。

たとえば私自身、夜にお酒を飲む機会が若いころに比べて格段に減りました。40代までは、仕事のつき合いも含め、人間関係を広げるために飲む機会も多かったものですが、いまは外で飲むより家族との時間を大切にしたい。現在、外で食事をしたり飲んだりするのは本当に親しい人、大事な人とだけにしています。

もう新しい語学は身につかない!?

いくつになっても学び続けようとする姿勢は大切です。ただし、50歳をすぎたら学ぶことも絞り込まなければなりません。ついやってしまいがちな「時間のムダづかい」が、明確な目的もなく始める語学学習です。

将来海外に移住する予定だとか、転職や独立をして外国人と接する仕事に携わるというような確固たる目的があれば別です。そうではなく、「これからの時代は語学だ」との漠然とした動機で外国語を学び始める人がけっこういます。

外語大出身、もしくは外国語学部の出身であるなど、すでにある程度の基礎ができあがっている人ならまだいいでしょう。でも、50歳をすぎてから語学を基礎から勉強し始めるような場合、残念ながらなかなか使えるまでにはなりません。

50代から学ぶといいのは自分の地元の歴史や文化です。日本全国、それぞれの地方、地域で独自の歴史や文化があります。若いときはあまり興味がなかったでしょうし、仕事も忙しくて地元に目を向ける余裕などないという人がほとんどでしょう。

地元愛、郷土愛というのは歳をとるごとに強くなるものです。50歳をすぎて仕事にも余裕が出てきたあたりで、もう一度自分の故郷や現在住んでいる地域の歴史や文化を振り返ってみると、自分のルーツや土台は意外とこうしたところにあったのかと驚きます。

各地域で勉強会やセミナーなどが開催されています。そこには地元や地域について深く研究している人、文化活動を実践している人たちがいる。そうした人たちと交際して見聞を広めるとともに、自分の活動領域を確保するのは非常に有意義なことです。

また、面白いと思うのは最近各地で活躍している地域観光ガイドなどの仕事。地元の歴史や文化、地理などを勉強し、今度はその知識で観光客の人たちをガイドする。それがいくばくかの収入にでもなれば、趣味と実益ということで一挙両得です。

面白いのはジオパーク関連。ジオパークとは、大地を意味するジオ（geo）と公園を意味するパーク（park）を組み合わせた言葉。世界遺産などと同様に、ユネスコが推し進めているプログラムです。地質学的に見て国際的な価値のある地域が登録され、その土地の人々は、自分たちの暮らす地域に誇りをもちつつ世界の人たちに紹介しています。

「第二の収入源」を模索する

50歳をすぎてからの時間の使い方には、第二の人生の収入源を確保するための時間という視点も必要になります。

これからの時代、退職金や年金だけで悠々自適という生活は望めませんから、多くの人は、体が元気なうちは何らかの仕事をして稼ぎ続けなければなりません。

私がまずおすすめするのは成功事例に学ぶこと。具体的には、退職して第二の仕事人生で成功している先輩を訪ね、いろいろ話を聞く。または、本や雑誌、ネットなどで先例を調べたり、興味のある分野の勉強会やセミナーに顔を出したりしてもいいでしょう。

定年を迎えてから新たな収入源確保を考えるのでは遅すぎます。できれば退職する10年前の50代から準備しておくべきです。そのための時間を確保しましょう。

新たな収入源はそれまでやってきた仕事の延長線上で考えること。専門職のほうが仕事にしやすいですが、営業のような職種でも準備次第で仕事として成立させることが可能です。人によっては、趣味が高じてそれまでとはまったく違う仕事を収入源にできる人もいますが、それもやはり50代から時間を確保して腕を磨く準備期間が必要でしょう。

その他、50代からの時間の使い方として意外に大事になってくるのが、将来自分が厄介になるであろう有料老人ホームやデイサービスについて調べる時間。

一口に老人ホームといっても、終の棲家となりうる介護付き有料老人ホームから、比較的若くてまだ体が動く方に向けた健康有料老人ホーム、サービス付き高齢者住宅まで、いくつか種類があります。高額なところもあれば比較的安く利用できるところもあり、サービスの内容にも差がある。現役世代のうちにこうした施設のことを調べて準備をしておくと、将来について余計な心配をすることが少なくなります。

今後最優先すべきことは何か

50代からはどんなことに時間をかければいいのか？　その優先順位を明確にするために、

自分の「したいこと」と「やるべきこと」をそれぞれ5つずつ、リストアップしてみましょう。重なっているものが、いまのあなたにとってもっとも優先順位の高い項目です。

私の場合でいうと、「したいこと」の第一は神学論文を書くこと。それから、若い世代の教育・育成をすること。あとは急に方向性が変わりますが、買ったまま積んである軍用機などのプラモデルを20個ほどつくること。

それから中学生のころ夢中になっていたアマチュア無線の免許を更新して、もう一度無線をやってみたい。あとはもっと猫と遊ぶなどなど、いくつもあります。

一方の「やるべきこと」。まず、抱えているいくつかの著作を完成させなければなりません。それから大学や高校での教育活動。そして自分の健康管理。さらに、自分に何かあったときのために、家族の経済的な基盤を整えなければなりません。

すると、「したいこと」「やるべきこと」の両方にひっかかっている部分として、「教育」というキーワードがうかび上がってくる。私が優先順位の一番として取り組むべきなのは、若い人の指導や教育だということになるわけです。

みなさんの場合はどうでしょうか？　残りの人生で何にどのくらいの時間をかけるのか、ぜひじっくり考えてみてください。

大局的に見る時間管理術

仕事に関しても、50代になると時間の感覚が変わってきます。

仕事で費やす時間では、いかに短時間で目的の成果を上げられるかが重要になります。一定の時間で、売り上げや利益などの「数字」をどれだけ最大化できるかが勝負です。

やたらと時間や労力をかけているようでは、仮にそれなりの成果を上げられたとしても評価されません。政府が進めている「働き方改革」とも重なりますが、定められた時間内で高水準の仕事をこなすという、「労働生産性」の考え方が大切になってきます。

そして労働生産性を上げるには、できる限りムダを省くことが重要なポイントになります。50代のビジネスパーソンは、何らかの組織やチームを引っ張る立場の人が多いはず。時間の使い方を考えた組織マネジメントをしていかなければなりません。

若いころは時間をかけても、とにかくがむしゃらに働くことが結果につながると考えがちです。しかし組織を率いていく立場になると広い視野に立ち、ムダを省き、合理的なやり方で仕事を進めていく必要がある。最小限の労力で最大の効果を上げる方法を考えるのです。言い換えると、できるだけ短い時間で成果を上げることを考えるということ。

そのためにはもっとも効果的な場面で力を集中的に発揮する。逆にいうと余計なところでエネルギーを使わない。省エネを考えて最小限の労力と最短の時間で、最大限のパフォーマンスを達成することを考える。就業時間内にやるべきことをやり、その後は自由な自分の時間を確保する。それができる人材がこれからの時代は重宝されるでしょう。人目を気にしてだらだら残業をする必要はありません。働き方改革とは意識改革でもあります。

それを実践しながら、若い部下やスタッフにも伝えていくことが50代の管理職に求められているのです。

プライベートの時間は優先的に確保する

私が知っている時間の使い方がうまい人は、やはり政治家に多かったように感じます。特に一級の政治家は誰もが時間管理の達人です。安倍晋三総理もそうですし、森喜朗元総理も、最近国政に復帰した鈴木宗男さんもしかり。

彼らはたくさんの人と会い、膨大な資料を短時間で読み、演説をして、なおかつ家族との時間も大切にしています。膨大なスケジュールに追われながらも、意外にプライベートな時間を確保しているのです。

その時間術のコツは、スケジュール表にかなり前もってプライベートな予定を書き込んでおくことです。そのうえで仕事のスケジュールを組む。そうしないと仕事に忙殺されてしまい、いつまでたっても自分の時間が確保できません。

夏休みの家族旅行なら、早めに宿や飛行機の便などを確保してしまう。そうすることで、どうしても休まなければならないように縛ってしまうのです。

いわば〝時間の天引き〟ということ。給料から天引きされる形の貯蓄だと否が応でも貯められるように、時間も先に天引きしておく。そうすると、ついつい仕事に時間をとられてしまうということがなくなります。

SNSがなくても困ることはない

参考までに、私の普段の大まかな時間割をご紹介します。

まず朝は4時45分に起床します。主要な新聞の電子版の更新時間がいずれも朝5時なので、朝一番のニュースにいち早く目を通すためです。新聞に目を通したら原稿執筆の時間。執筆はだいたい12時か13時くらいまで続けます。そのあとはおもに読書や情報収集の時間。取材をまとめて入れてしまうこともあります。

頭がまだクリアな午前中は原稿執筆などの「アウトプット作業」を行い、頭を使ったあとの午後は「インプット作業」にあてるというのが一日の使い方の基本です。

ちなみに読書タイムでは、6カ月先に自分がどういう仕事にとりかかっているかを考え、そのために必要な本を4、5冊並読します。なぜそんなに前もって読むかというと、頭のなかに情報が定着するには一定の期間が必要だからです。いわゆる、情報の「熟成期間」。ですから大事な仕事ほど、情報収集の時間を早めに設定するようにしています。

一方、ムダな時間として排除しているのがSNSをする時間です。LINEやフェイスブックなどのSNSはアカウントさえもっておらず、編集者や外部の人とのやりとりはパソコンのメールのみ。それだとLINEにおける〝既読スルー〟のようなプレッシャーもなく、すぐに返事を出さなくても角が立ちません。

また、最近は朝読書会、朝勉強会などがよく行われているようですが、朝時間を活用して一日を有効に使うようにしています。

私自身もそのような勉強会（サロン）を開催していて、ビジネスパーソンの方たちが朝7時から参加してくれています。参加者の方はそれを終えてから職場に向かうわけですが、いずれも優秀で時間管理の上手な人たちばかりです。

会議との上手な向き合い方とは

仕事のなかで、「会議」に多くの時間をとられているという50代ビジネスパーソンは多いでしょう。「会議は時間のムダ」とさえ思っている人がいるかもしれません。

しかし、私は会議がムダだとは思っていません。メールやSNSでの会話が日常化している昨今、お互いが顔を突き合わせる会議という場はとても重要です。意思疎通できるだけでなく、相手の顔が見えれば信頼関係も深めやすいし、正確かつ効率的にコミュニケーションがとれます。ただし、大きな会社になるほど会議が多くなるのも事実。私の知っている50代の大企業の管理職などは、一日のほとんどが会議で埋まっているそうです。

重要な会議もありますが、なかには必要度の低い会議もあり、50代になったら取捨選択する必要があります。取引先との急な打ち合わせが入ったとか、上手に理由をつけてできる限り絞り込むことが必要です。場合によっては、部下を代理出席させてもいい。

そのようにして時間をつくったら、目の前の仕事に追われるのではなく、大局的に自分の仕事を眺めるようにします。そして、何が重要で何が重要でないか、すぐにすべきことは何で、あと回しにしてもいいことは何か、頭のなかで整理すること。

若いころのように、がむしゃらに目の前の仕事をかたづければいいわけではありません。全体を俯瞰して、先延ばしにできる仕事にはあえて手をつけないのも一つの手です。

よく「忙しい」を連発して精神的に余裕のない人がいますが、いまやらなくていいことをやろうとして、パニックになっているケースが往々にしてあります。ムダな動きをできるだけ減らして、優先順位を明確にする。50代で求められている時間管理術は、仕事を効率的に進めるということに尽きます。

何もしない「バッファ時間」も必要

ムダな時間を省いて効率化するのと同時に、何もしないですごす時間を大切にするというのも同じくらい重要なことです。矛盾しているようですが、余裕の時間、つまりバッファァ時間がある程度ないと、いざというときに集中することができません。特に50代以降、年齢が上がるほど時間的余裕が大事になってきます。

空白時間があるのが不安で、手帳にもビッシリ予定を書き入れないと気がすまないという人がよくいます。しかし私は、あえて1週間のなかに、何も予定を入れないバッファ時間を入れておきます。それによって、いざ不測の事態が起きたり予定が変わったりしたとき柔軟に対応できるからです。

ユダヤ教、キリスト教には、仕事をすることが禁止されている安息日があります。神は6日間でこの世界をつくり、7日目に休みました。この神の行いにならって、人間も6日間働いたら1日は仕事をしない。そのように決めたのです。ユダヤ教は土曜日、キリスト教は日曜日が安息日です。

神が安息日に何をしたかというと、自分の6日間の働きを振り返り、「これでよし」と納得された。人間も同じように、自分の仕事や行動を振り返って反省する必要があります。振り返る時間によっていろいろな気づきがあり、次の行動への参考にできる。

ですから、「何もしないですごす時間」はムダではなく、非常にクリエイティブな時間、人間にとって必要不可欠な時間なのです。

時間をコントロールしようとしすぎない

時間を管理するのと同時に、「時間は完全にはコントロールできない」と認識しておくことも大切です。どんなに綿密に将来のプランを立てても、計画通りに進むことはまずありません。不測の事態で予定の変更を迫られる、想定外の時間をとられるのが常です。

キリスト教では、人の一生は神によってあらかじめ定められていると考えます。ですから、人間が限りある知恵でいくら未来を計画しても、神の意志によって変えられてしまう。

『梟《ふくろう》の城』という司馬遼太郎の小説があります。豊臣秀吉の暗殺を狙う忍者が主人公なのですが、若いときは忍者として縦横無尽に活躍する。しかし、天下の支配者の命を狙うという忍者としての務めを果たしたあとの晩年は、山中で連れ合いとひっそり暮らし、ささやかな世界で生きるという話です。

いまの時代でも、大企業でバリバリ働いていたような人物が早期リタイアして、田舎で農業をしながら奥さんとひっそり暮らす、というようなことがあります。

一見すると小さな世界へ逃げ込んだように見えるかもしれません。しかしその限定された世界に、それまで想像していなかった幸せを発見する。むしろ大企業で働いていた自分は、世の中の尺度に踊らされ、自分を見失っていただけかもしれない……。

功名心のある若いときは見向きもしなかった生き方かもしれませんが、晩年になってくると、ささやかな暮らしの素晴らしさや奥深さに気づく。中年期以降の生活は、若いころにはまったく想定していなかったものになることもあるのです。

ですから、いまの若い世代の人たちがあまりにしっかり人生設計を立てているのを見ると、逆に少し心配になります。自分がいかに綿密なライフプランを立てても、予測のつかない事態が起こるのが人生なのです。

私自身の人生がまさにそうでした。それまで外交官としてロシアとの交渉の最前線に立ち、まさに新たな時代を切り開く寸前までいっていた。それが急転直下、犯罪者として逮捕、起訴され、512日間勾留されたあげく外務省を追われたのですから。

人生にはこのようなことが往々にして起こる。もちろん特捜検察によって逮捕されるなどということは稀でしょうが、転機となるような出来事は人それぞれ形を変えて起こるもの。地震や台風などの甚大な被害で、ある日突然、多くを失ってしまう人もいます。

人生における時間やイベントを完全にコントロールしようとすると、その挫折が致命的になり、落ち込んでうつ病になってしまうこともあります。もちろん人生設計は大事ですが、同時に不可知なもの、予期せぬことが起きるのが人生だと割り切ることも必要です。

「流れる時間」と「感じる時間」

2002年、私は鈴木宗男氏に絡む疑惑に連座する形で特捜検察に逮捕され、外交の大きな舞台からははじかれました。しかし、それによって作家というもう一つの舞台に立つことになりました。これにより、私の人生は潮目が劇的に変わります。それまでまったく想像もしていなかったことです。

人は、自分が立とうと思っていなかった舞台に突然立たされるときがある。キリスト教徒である私は、やはりそこに神の意志を見ます。もちろん神の存在を信じない人もいるでしょうが、それでも人には計り知れない流れ、コントロールできない流れがあることを、多くの人が実感しているのではないでしょうか。

こうした経験を経て、私が大切だと思う人生に対する姿勢は、「急ぎつつ待つ」ということ。人生には時があり、タイミングがある。これは神によって定められたことで、それがまだ訪れていないようであれば、もう待つしかない。

一方で、そのタイミングが訪れたときは、〝急いで〟それをとらえなければならない。人生のチャンスをチャンスとして認識し、その尻尾を捕まえなければなりません。無自覚にすごしていると、チャンスはすぐにどこかに消え去ってしまうのです。

ある程度までは運命に委ねる。しかし〝そのとき〟が来たら急いでそれに応える。時間の使い方の極意といえるのが、この〝時を捕まえる〟ということだと思います。それには、普段から時間というものについて、考えておく必要があるのです。

古代キリスト教の神学者アウグスティヌスは『告白』という著書のなかで、時間について、「私はそれについて尋ねられないとき、時間が何かを知っている。尋ねられるとき、知らない」と書きました。

時間とは何か？　私たちは日々の生活でそれを感じ意識していますが、あらためて聞かれると、その定義はとても難しい。時間には、時計の針の動きで示される「客観的な時間」と、自分がどう体感したかによる「主観的な時間」という二種類があります。

たとえば50代にもなると、月日がたつのが異常に早く感じられる。歳をとると、1年が風のようにあっという間にすぎてしまうようになってきます。

また、「人を待つ時間」はやたらと長く感じる一方で、時間に遅れて「人を待たせている時間」は妙に早くすぎていくように感じられます。さらに、「好きな人とすごす時間」はあっという間にすぎるものの、「イヤな人物と一緒にいる時間」はとても長く感じる。

このように、時間は〝主観〟で長さが変わるものです。10歳の子どもにとって1年は10分の1ですが、50歳の人にとっては50分の1。つまり歳をとると分母が増える分、時間が短く感じられるのでしょう。となると、50歳なら10歳のころの5倍のスピードで時間がすぎることになります。実際、1年の時間の長さは変わらなくても、体感する時間は変わるのです。

過去は解釈によって変えられる

ギリシャ語で時間を表す言葉には、「クロノス」と「カイロス」の二つがあります。

クロノスというのは、通常私たちが考えている「流れる時間」のこと。過去があって現在があり、未来へとつながっていく。一定速度で一定の方向に流れるもので、過去へは決してさかのぼらない。均質で均等な時間です。

一方のカイロスは「意味のある時間」で、客観的な時間「クロノス」に対する主観的な時間になります。神学的には「上からくる時間」、あるいは「神からくる時間」です。

ではカイロスとはどういうものか？

ある出来事が起きて、それによってそれ以前とそれ以後で、物事の意味や価値観がまるで変わってしまうことがあります。たとえば9・11の同時多発テロ事件によって、それ以前と以後でアメリカの人たちの意識や歴史認識は大きく変わりました。

同じように3・11の東日本大震災以前と以後で、日本人の意識には何かしらの変化がありました。天変地異や自然の脅威を再認識するとともに、原子力発電所がメルトダウンしたことにより、近代科学技術に対する深いところでの懐疑が多くの人たちに生まれた。また、政治やマスコミの報道に対する不信感も生まれたように思います。

このように、ある出来事によって時代認識や人々の価値観が大きく変わる。そんな裂け目のような時間がカイロスというわけです。これは社会的な出来事だけでなく、個人レベルでも起こります。結婚や出産、あるいは家族の死というような出来事によって、それまでとそれ以降の意味が変わってしまう。これもカイロスなのです。

一般的に、「未来は変えられるが過去は変えられない」と考えています。これはクロノス的な解釈ですが、カイロス的な解釈なら「過去は変えられる」ということになります。

たとえば、こういうことです。夫のＤＶでひどい目にあって離婚した女性がいて、その後に理想的な新たな伴侶とめぐりあい、再婚したとしましょう。離婚した時点ではＤＶ夫との時間は最悪の経験ではあったものの、そのつらい経験があったからこそ素晴らしい伴侶を見極める目が養われ、結婚することができたとも考えられる。

すると、つらかった過去の意味が変わってきます。前の結婚は幸せな結婚を成就するための布石であり、意味のある必然であったと。つまり、再婚というカイロスによって、つらかった過去は意味のある大切な時間へと変化するわけです。

〝終わり〟を意識して生きる

西洋の時間概念の根底にあるのは、時間は有限であり、終わりがあるという考え方です。キリスト教では、やがてこの世には終わりがきて肉体も魂もすべて消滅すると考えます。その後、最後の審判が行われ、神の国で生き返る人と永遠に無になってしまう人に分けられる。つまり、時間にはエンド（終わり）があると考えるのです。

英語でエンドは、「終わり」とともに「目的」を意味します。ですから、欧米人は終わりから逆算して現在を考える。最後の審判がくるのだからそれに備える。目的論が生き方や考え方のベースにあるのです。

それに対して、日本などの東洋では仏教的な時間解釈が中心です。すなわち輪廻転生のように永遠に時間が繰り返される。ルース・ベネディクトが著書『菊と刀』で、日本人の時間感覚には目的論が抜け落ちていると指摘したのにはそうした背景があるのです。

行動に目的が伴っていなくても、とにかく一生懸命にがんばる。そしてがんばること自体が目的化してしまう。日本人が残業を厭わず働き続け、あげくに心身を病んでしまったりするのには、そんな時間概念が関係しているのかもしれません。

時間の本質を見極めること。時間とは何かをとらえ直すこと。自分のなかで時間に対する認識が変わることで、生き方自体が変わってくることもあるのです。

第2章

50代からの「働き方」

転職、起業で成功できる50代はごく一部

東京商工リサーチの調べによると、２０１9年1～9月の希望退職・早期退職を募集した上場企業は27社。対象人数も6年ぶりに１万人を超え、２０１０年の１万２２２３人を超える勢いだそうです。これに加えて、常に早期退職を選択できる「選択定年制」という人事制度を導入する企業も増えています。

早期退職者には退職金が割り増しされるなど、一定の優遇制度が設けられています。「仕事のプレッシャーもきついし、定年後も働き続けるには早めにセカンドキャリアを築いたほうがいい。退職金が割り増しされるんだったら、思いきって早期退職をしてしまうのもいいかな」と考える人もいるでしょう。

人生の選択は人それぞれなので一概にはいえませんが、いまのような時代、50代のビジネスパーソンであれば、早期退職ではなく定年まで会社に居続けることを優先すべきだと考えます。50歳なら定年まであと10年。55歳ならあと5年。ここを辞めずに我慢することのメリットはとても大きいはずです。

50代の会社員が、次の仕事の見込みもなく早期退職したとしましょう。いざ辞めてみるとなかなか職は見つからない。ずっと家にいるわけにはいかないので出かけるものの、ついギャンブルや飲食で浪費してしまう……。まずロクなことにお金を使いません。

毎日きちんと通勤して働くということは、実はお金を稼ぐと同時に、ムダにお金を使うことを防ぐという意味合いもあるのです。

ビジネスパーソンなら当たり前に感じられるかもしれませんが、毎月安定した収入が得られるというのは実に有り難いこと。毎月の定期収入が入ってくることのメリットを、まずはしっかり認識しましょう。

イヤな上司がいるとか、仕事がつまらないとか、会社から評価されていないとか、そのくらいの理由なら決して自分から辞めないこと。まして、退職金の割増金額に誘惑されて衝動的に辞めるのは非常に危険です。

「男のプライド」はどこかに捨ててしまう

ただし、次の転職先が決まっているとか、明確にやりたい仕事や事業計画があり、その準備も十分にできているのであれば話は別です。実際にヘッドハンティングにあって、前の会社より高い給与を得ている人もいますし、大手企業を早期退職し、その退職金を元手に地元で起業した、お店をやって成功したという事例もあります。

新規事業を立ち上げたいという人は、職場にいるうちに事業計画をつくり、それを日本政策金融公庫の担当者に見てもらい、融資が下りるか試してみるという手があります。金融公庫は比較的前向きに事業融資を検討してくれる機関ですが、彼らが却下するような事業の場合、まず成功は見込めません。

転職に関しても、特殊な技能でもない限り、50代を雇ってくれる会社はほとんどないと考えてください。もしあるとしたら、それは残念ながら、劣悪な労働環境と安い賃金で働かされる企業である確率がかなり高い。雇用保険にも年金などの社会保障にも入っていない会社であることもザラです。

軽い気持ちで早期退職して貧困スパイラルに陥ると、既婚者なら家庭崩壊の危機、離婚の危機となって跳ね返ってくる。世間には、そうやって人生の軌道からそれてしまった人をさらに食い物にする「貧困ビジネス」がたくさんあります。

そうした現実を知るために、私がおすすめするのが漫画『闇金ウシジマくん』。闇金を経営する丑嶋馨《うしじまかおる》を主人公に、借金で苦しむ人たちとそれを取り立てる闇金業者とのさまざまなドラマを描いた作品です。

この作品では、それまで順調だった一般人がちょっとした歯車の狂いから一気に人生の奈落に落ちていく様子がリアルに描かれています。早期退職は一例ですが、安易な人生の選択が往々にして地獄へのとば口であることも、これを読むとよくわかるはずです。

上司からのプレッシャーがきつい。いうことを聞かない部下がいる。窓際に追いやられている。つまらない仕事ばかりやらされる……。それでも、50代は何とかして会社にしがみつくのがベターだと私はアドバイスしています。

プライドがある？　なんだかカッコ悪い？　いえいえ、現実をしっかり認識すれば、安易な選択をするほうがリスクは高く、実はカッコ悪いことだとわかるはずです。

がんばらない働き方のすすめ

若いときは丸2日くらい徹夜しても平気だったが、50代になると徹夜なんて考えられない……。体力的に無理をせず、いかにパフォーマンスを上げるかを考えなければならない年代なのです。

体力面では若者にかなわなくても、若い人たちより50代が優れているものがあります。それは、長年の経験と実践からくる「判断力」です。

たとえば、若いときは「今日できることは今日中に終わらせる！」「明日の仕事もかたづけてしまえ！」という仕事のやり方をしていた人も、50代になれば早く終わらせることが必ずしも正しいとは限らないとわかってきます。

むしろ「明日できることは今日しない」という考え方に変わります。なぜなら、明日はどんなふうに状況が変わっているかわからない。ムダなやり直しをしないためにも、「いまはとりかからない」「とりあえず待つ」という判断もあるのです。

移りゆく状況をとらえながら、仕事の優先順位を臨機応変に変え、今日やるべきこと、明日でもできることの区別をしていく。そういう判断ができるようになるのが50代であり、成熟したビジネスパーソンだといえるでしょう。

また、仕事を続けるにあたって、50代以降のキーワードは「がんばりすぎない」こと。がんばりだけではいずれ限界がきます。

40代までは、がんばればそれなりに報われます。昇進でも課長クラスまではそうでしょう。ところが50歳をすぎると、がんばりより「運」の要素が大きく左右するようになる。特に部長から上のポストなどは、ほとんどが運で決まるといってもいい。

これまで十分に実力を身につけていたとしても、同期や1年上か下に突出して仕事ができる人物がいたら、部長のポストをもっていかれてしまいます。そうすれば、その人が病気になるとか、転職しない限りしばらくポストはない。

逆に出世などあきらめていた人が、突然上のポストに欠員ができて、思いがけず昇進する場合もある。このようなことを考えると、ある地位以上の出世に関しては、実力はもちろんあるとしても、かなり時の運が左右すると思います。

出世の道が閉ざされたとき、「オレはいままで、これだけがんばってきたのに……」と会社や周囲を恨み、すっかり凝り固まってしまう人がいます。あるいは、燃え尽き症候群のようになってしまう人もいる。真面目な人に限って、世をすねて腐ってしまうのです。がんばりすぎて燃え尽きたり会社や同僚を恨んだりするくらいなら、上手に手を抜いてひょうひょうと生きている人のほうがずっと健康的でしょう。

50代は、おそらくほとんどの人が「報われない自分」を意識させられる年代です。そのとき、考え方を上手にシフトすることができるかどうか。見方を少し変えて、むしろこれからは自分のペースで仕事ができると考える。肉体的にも精神的にも、そのほうがずっと楽に働くことができます。

〝任せられない上司〟が職場を停滞させる

そういう意味でも、50代になったらできるだけ仕事をほかの人に振り、自分の負担を減らすことを考えましょう。部下やスタッフを上手に使い、自分は〝最後の仕上げ〟をするようなイメージです。

仕事ができる50代のビジネスパーソンほど、このことを実践しています。彼らは全体を見渡して、部下を適材適所に配置して、それぞれが得意な仕事をやらせる。最終的にそれらを集約し、一つの大きな成果にしていくのです。

これは一流のシェフが厨房で行っている仕事で考えるとわかりやすいでしょう。食材の買い出しや、材料を切り刻むなど仕込みまでは若いコックにやらせる。シェフの目が行き届いていれば、それらの材料を鍋で炒めたり、味つけを調整したりするところまで下に任せてもいい。リーダーであるシェフは皿に盛りつける直前の、最後のところで登場するのです。

「できる限り完成に近い場所にだけ関わる」というのがキーワード。一般のビジネスもまったく同じで、組織のリーダーは細かい作業は部下にやらせ、最後のアウトプットのところに関わるようにすべきです。

ところが、これができない人が多くいます。何でも率先してやるといえば聞こえはいいのですが、要は部下を信用していない。または仕事を人に渡したくない。

50代のビジネスパーソンが仕事を一人で抱え込んでいると、部下が成長できません。若い部下やスタッフの成長を促すという意味でも、仕事を上手に割り振り、細かいところは思いきって任せることが大事です。

チームのなかで自らに与えられた役割がある。そのように感じられるチームでは、部下が率先して仕事をするようになるでしょう。その部下が現場でスキルを磨いて腕を上げたらもう一段高いステージに上げて、今度は少し難易度の高い役割を与える。

そのようなスパイラルを上手に築いてあげることが50代の仕事法なのです。

「選択と集中」で人間関係を再構築する

人脈は広ければ広いに越したことはない――。40代までならそういえますが、50代以降になると少し変わってきます。

前章でも触れましたが、50代以降は40代までに広げた人脈の「選択と集中」がテーマ。人脈をある程度絞り込み、「これは」という人とだけ関係を深めていく。それには、深くつき合っていきたい人の基準を自分のなかではっきりさせておく必要があります。

私の場合、40代半ばにして鈴木宗男事件で拘置所に入ったことがきっかけで、人間関係が大きく変わりました。それまで親しかったほとんどの人たちが離れていきましたが、残った人もいた。これによって図らずも人脈が絞り込まれることになりました。結果的に、深くつき合っていく人を選ぶことができたともいえます。

さらに人間関係において、外務省という組織を離れ、作家として個人で活動することになってからは、つき合いたくない人からは逃げることが可能になりました。

もちろん極端に人を選んでいては仕事ができなくなってしまいますが、本当にイヤだとなればその人から逃げることができる。そのことで、さらに人脈の「選択と集中」ができるようになったのです。

読者の大半は会社や組織に属しているでしょうから、イヤな人ともつき合っていかなければならない。イヤな上司に気の合わない同僚、腹の立つ部下……。人間関係からは、なかなか逃げたくても逃げることができません。

しかし組織に属している人たちは、フリーランスの私と違って、収入の安定がある。つまり、イヤな人間ともつき合わなければならないのは、「収入の安定」とひきかえにした代償だともいえるのです。

しかしいくら組織人でも、本当にストレスの限界だと感じたら、やむを得ない選択として逃げる選択、すなわち転職や独立も視野に入れるべきです。

私の知っている人も、学校の教師になったのはいいが指導要領の遵守や生徒の管理指導、PTAとの折衝など、さまざまなプレッシャーで精神的に限界だという。そこでその人は学校の教師を辞めてフリーの塾講師となり、自由に生き生きと学生たちに教えているとか。

よく考えた転職や独立は、いまつき合っている人間関係を変えたり絞り込んだりと、「選択と集中」をするいい機会になりえます。

では50代では、どのように人間関係を絞り込んでいけばよいのでしょうか？

身もフタもない答えかもしれませんが、「仕事に有益な人」に絞り込んでいくということでいいと思います。シビアではありますが、仕事で役に立つか、立たないかで割り切る。これは、私生活の人間関係とはまた別の話です。

酒を飲んでグチしかいわない人。悪口ばかりいう人。自分の仕事のスキルを棚に上げ、まわりを攻撃してばかりいる人。こういう人もつき合わなくていい第一候補でしょう。

ただし、いきなりバッサリ切るのは避けます。相手も人間ですから、「都合よく使いやがって」と相手の感情を害して恨まれてしまうと、いろんな人にあることないことを吹聴されたり、あとあと面倒になったりします。

仕事で何らかの縁があった人であれば、年賀状を欠かしてはいけません。それ以外は時折連絡をとりながら、次第にフェードアウトしていくようにしましょう。

向こうも仕事上の関係だとはわかっていますから、礼儀さえわきまえれば、「状況が変わったんだな」と事情を察してくれるはずです。

同窓会は人脈再構築のいい機会

逆に、定年退職したあとは会社に在籍していたときのつながりがほとんどなくなります。仕事のあとに飲みに行った部下とも、週末によくゴルフに行った同僚とも疎遠になります。会社を辞めたとたん、毎年来ていた年賀状がほとんどこなくなるのは当たり前。ビジネス上のつながりはしょせん損得勘定が前提なので、それを嘆いても仕方がありません。逆に、それくらいでなければビジネス社会は成り立たないのです。

会社のつながりがなくなった定年後に、イチから新たな人脈をつくるのはとても難しい。特に会社人間だった人ほど会社の肩書きと自分が同化してしまっていて、素の自分をさらけ出して人とつき合うことができない。

サークル、地域コミュニティ、地元の酒場で新たなつながりをつくろうとしたが、社会人時代と同じ気分で高圧的な接し方をして煙たがられてしまった……。よく聞く話です。

人間は社会的動物であるため、人との接点が途絶えると、とたんに社会から孤立してしまったかのように感じます。そのまま定年後の生活を送るのはとてもつらいものです。

そうならないために、50代のいますべきことがあります。それは、同窓会で人脈を再構築すること。新たに人脈をつくることは難しくても、かつて一緒に学んだ人たちとのつき合いを復活させることは比較的容易です。

50歳をすぎたころから、同窓会のお誘いが頻繁にくるようになります。子育ても落ちついて時間的な余裕ができてくると、ふと昔の友だちとのつながりを復活させたいと感じるのは共通の心理なのでしょう。

社会人になってから出会った人と信頼関係を築くには、かなりの時間と労力が必要。新たな人脈をつくるより、かつての古い関係を掘り起こすほうがはるかに効率的です。

現在は地方から都会に出て働いていても、定年後は地方や故郷に戻るという人もいるでしょう。そうであれば、旧友たちとのつながりを50代のうちに復活させ、深めておく。うまくいけば、その友だちから地元の仕事を紹介してもらえるかもしれません。実は地方の中小企業はいま深刻な人材不足。あなたのキャリアを重宝してくれる可能性もあります。

ただし、地方の人間関係が密すぎて息苦しく、それがストレスになる人もいます。自分の生き方に合った無理のない選択をすることが大切です。

仕事への向き合い方を判断する4タイプ

仕事に対してどのように向き合っているか？　参考になるタイプ判定があります。それは〈仕事をしているときの「快—不快」〉の度合いをヨコ軸に、〈仕事の成果の「高い—低い」〉をタテ軸にした、二つの軸によるマトリックスです。

ヨコ軸、タテ軸をそれぞれ、1点から5点まで区切っていきます。二つの軸が交わる真ん中が3点です。

さて、〈仕事をしているときの「快—不快」〉の度合い、あなたは何点くらいですか？「あまり楽しくないけれど、すぐにでも会社を辞めたいというわけでもない」なら、ヨコ軸の2点くらいに印をつけておきます。

次に成果。「仕事の成果はそこそこ上がっていると思う」という人なら、〈仕事の成果の「高い—低い」〉のタテ軸は、4点あたりに印をつけておきましょう。

するとこの人は、「仕事の成果はそこそこ上がっているけれど、仕事をしている喜びはあまりない」という人になります。

このようにチェックをしていくと、タイプは以下のようにまとめられます。

- 仕事に対する感覚「快」、成果「大」⬇A「ハイパータイプ」
- 仕事に対する感覚「不快」、成果「大」⬇B「ワーカホリックタイプ」
- 仕事に対する感覚「不快」、成果「小」⬇C「燃え尽きタイプ」
- 仕事に対する感覚「快」、成果「小」⬇D「マイペースタイプ」

先ほどの「仕事の成果はそこそこ上がっているけど、仕事をしている喜びはあまりない」という人なら、Bの「ワーカホリックタイプ」ということになります。

意外に多いのがこのワーカホリックタイプ。30代、40代は上を目指してがむしゃらに働く。すると必然的にBタイプが多くなるわけです。

ワーカホリックタイプで怖いのは、仕事がうまくいかなくなるとCの「燃え尽きタイプ」に遷移しやすいこと。50代になって会社のラインから外れると、いきなり仕事に対する感覚が「不快」で、成果も「小」になり、「燃え尽きタイプ」になってしまうのです。

燃え尽き症候群がさらに高じると、うつ病になるなど心身に影響が出始めます。Cタイプはもちろんですが、もしあなたがBタイプだったらそのことを認識し、早めに手を打つべきでしょう。

理想はAタイプでしょうが、私は50代のビジネスパーソンが目指すべきは、Aに限りなく近いDの「マイペースタイプ」だと考えます。ラインから外れて会社としての成果は「小」であっても、仕事を楽しんでいる。ある意味、50代からの理想の働き方です。もっとも、極端に成果が低いと会社から追い出されてしまいますが……。

新しい挑戦からはうまく逃げる

50代にもなると部署のリーダーを任されることも多くなり、ビジネスパーソンとしての責任はそれだけ大きくなります。求められている成果を上げるよう知恵を絞るのは当然として、場合によっては責任を回避し、うまく「逃げる」技術も必要です。

たとえば、これまでまったく携わったことのない分野の大きなプロジェクトを任されそうになったら？ 30代、40代であれば迷わず挑戦することでしょう。

しかし定年間近の50代は、すでに自分のゴールが見えている。そんななかでの新しいチャレンジには、慎重になったほうがいいというのが私の考えです。というのも、実はそのような新しい挑戦は、会社自体は成功すれば儲けもの、むしろ失敗を前提に、それを担当した者に何らかの形で責任をとらせることが真の目的という場合もあるからです。

自分の能力では少ししんどいかも、と感じるプロジェクトは特にそうです。冒険をすることのメリットと、うまくいかなかったときのデメリットをはかりにかけたとき、定年間近の50代には、デメリットのほうが大きいことがほとんどです。

そんな話がきたら、「いまの自分には荷が重い。能力も十分でない」と率直に訴えることです。そして「失敗すれば会社にダメージを与えることになってしまう」と、あくまで会社や組織の視点に立って訴えましょう。会社にも責任がありますから、無理やり仕事を押しつけて、その責任をとらなければならなくなるような事態は避けるでしょう。「おそらくその仕事なら、○○さんのほうが適任では?」と社内の別の人を提案すれば、会社側も気持ちが変わる可能性が高まります。

会社の不条理は、多かれ少なかれどこにでもあります。その犠牲にならないためには「休まず、遅れず、働きすぎず」。上手に体をかわし、「逃げる」ことです。

いつの間にか自分が「働かないオジサン」に

外務省の役人の場合、40代半ばになると出世競争の勝ち負けがはっきりします。最終的に勝ち残るのは、事務次官に上り詰めるごく一部の官僚だけ。ほとんどが出世ラインから外れてしまうのです。

そうなったら彼らはどうするか？　やるべきことだけはそつなくこなし、下手に目立って叩かれるような余計な動きはしません。要領はいいので、与えられた仕事は完ぺきにこなし、それ以上はできる限りやらない。

これは民間の企業でも同じだと思います。ラインから外れた人は、余計なことをして目立つことなく、与えられた仕事をこなし、あとは定時になったらそそくさと帰る。

若いころそんな上司を批判していた自分が、気がついたら同じような仕事の仕方をしている……。どこかで割りきれないものや、釈然としないものがあるかもしれません。

しかし、これは誰もが通る道。自分を責める必要はまったくありません。むしろ、会社員生活の最後の10年をそのようにして大過なくすごそうとするのは立派な戦略です。

50代になれば、転職や独立でよい結果になる可能性は低い。何とかいまの会社に5年、10年居続けてしっかり退職金をもらう。

がむしゃらに働いていた若いころ、そのがんばりによって会社もいくばくかの利益を得て今日に至っています。ですから、目立たぬように会社に居続けるという戦略は、実は非常に合理的なのです。

全員が全力で働く会社は生産性が低い

これに関連して、「2：6：2の法則」というのを聞いたことがありますか？　これは「働きアリの法則」とも呼ばれるもので、働きアリの組織では全体の2割が必死で働き、6割は適当に仕事をして、残りの2割がまったく働かない。ところが外敵に襲われるなどの緊急事態が起こったとき、それまで働かなかった2割ががぜん活躍し始めます。

組織にも〝遊び〟が必要です。全員がやる気満々でギラギラしていると、組織はギスギスしてしまいかえってうまく回らなくなる。また、全員が100％の力を出しきって余力がない状態だと、いざ緊急事態があったときに対応できません。

競争から外れた「働かないオジサン」が一定数いるような会社のほうが、組織としては実は強い。2：6：2の最後の「2」も、組織にとって必要な存在だということです。

そういう人たちを許容する余裕がある会社は、いざ自分が同じような立場になっても存在を認められる健全な組織だということです。

もしあなたが「働かないオジサン」になって、そのことに引け目を感じるとしたら、いい意味での「鈍感力」を持ちましょう。周囲のことは気にせずわが道を行く。すべてのことにいちいち過敏に反応していたら、ストレスで心身をやられてしまいます。「鈍感力」をもつことこそが、50代のビジネスパーソンには必要です。

ただし、そうやって会社に居続けるにはいくつかの絶対条件があります。

まず、セクハラ、パワハラは絶対しない。そして、やる気のある社員の邪魔をしない。先述した組織の法則の観点からも、必死に働く2割を妨害するようなことはしてはなりません。職場のムードを明るくして、「なんだか、会社にあの人がいるだけで安心できる」と思われるのが理想的です。

一番やってはいけないのは、プライドが捨てられずやたら虚勢を張ったり、自分の力を誇示しようと偉そうにしたりすること。

いつも不機嫌で苦虫をかみつぶしたような顔をしてデスクに座っている。そして飲みに行ったら昔の自慢話か、会社に対する文句やグチ。こういう人物は若い世代にとってとにかく面倒で邪魔なもの。こういう人物がそれこそ「鈍感力」を発揮して大きな顔をしていたら、それは当然嫌われます。

バブル時代を経験しているいまの50代の人たちは、エネルギーにあふれたイケイケの時代を知っています。その時代だからこそ得られた豊富な体験や知識がある。最近の若い人は内向きであることが多いのに対して、50代はとにかく遊びも含めて、外へ外へと飛び出していった人が多い。

旅行でもグルメでも、この世代の贅沢体験が、いまの社会における衣食住のレベルを底上げしていると思います。たとえば格安で知られるサイゼリアのメニューがあれほど種類豊富で味もしっかりしているのは、バブルのころにグルメ志向を体験した人たちがサービスを供給する側にも、消費者側にもいるからだと考えます。

目利き力や文化力があり、さまざまな物事の経験値が高いのがいまの50代。組織がピンチになったとき、その潜在能力を発揮して会社を救うのは「働かないオジサン」なのかもしれません。

第3章

50代からの「職場の人間関係」

50代は存在自体がパワハラ!?

「50歳をすぎたら、年相応の貫禄がほしい――」。そんなふうに考える人も多いでしょうが、それには注意が必要です。これからの時代、「貫禄」というのは必ずしも重要ではなくなります。というより、邪魔になることのほうが多くなるかもしれません。

会社員も50代にもなると、そこに存在しているだけで部下にプレッシャーをかけている。「存在自体がすでにパワハラ」といったら極端かもしれませんが、それくらいに思われていると自覚しておいたほうがいいのです。

パワハラに対して敏感になってきた昨今、下手に50代が貫禄を身につけると、部下たちはあなたの一挙手一投足、ちょっとした言動にプレッシャーを感じるようになります。自分でそんなつもりは毛頭なくても、受け取る側がどう考えているかはわかりません。ちょっとしたことでプレッシャーをかけられた、または脅されたように感じて、「パワハラ上司」と見なされる危険があります。

また、以前は昼飯や飲みに誘って仕事の仕方などを教えるという方法もありましたが、いまは部下を飲みに誘うのも難しい時代。若い世代は、職場とプライベートを分けて考えます。何か教えようと話をしても、説教だと受け取られ面倒がられる。

いまの管理職はチームをグイグイ引っ張っていくワンマン型ではなく、一緒になって問題解決に取り組む「仲間型のリーダー」がもてはやされます。成熟した大人の組織の場合、下手に引っ張るよりメンバーの自主性と個性を尊重し、ある程度それぞれの裁量に任せるほうがうまくいくことが多いのです。

ですから、自分には貫禄がないからとリーダーやトップになることを敬遠する必要はありません。むしろ、ソフトで話しやすい雰囲気をもっているほうが、上司として必要な資質を備えているともいえるのです。

「叱る」という選択肢はもうない

いまのオフィスでは、部下を叱るという行為自体がほとんどタブーになってきています。それでも、少し強く言い含めただけで落ち込んだり、ふてくされてしまったり……。

職場では、パワハラやモラハラだと突き上げられないよう、部下の扱いに細心の注意を払う必要があり、それだけでストレスがたまるという人も多いでしょう。

いまの50代の人たちが会社に入ったころは、パワハラやモラハラもほとんど当たり前。むしろそのころの上司は、「厳しく追い込まなければ、若いヤツらは鍛えられない」という信念でやっていた。

現在の常識では許容されませんが、そういう環境に身を置くことで、若い社員にある種の耐性がついたことはたしかです。少し叱られたくらいでは落ち込まない。怒られるほど見込みがあると考えるふしさえありました。

しかし時代は大きく変わりました。「オレたちの若いころは……」などと、若い人の前で昔話をしたところで通じません。部下から疎まれる前に頭を切り替えたほうが、精神衛生上もいいのです。

若い社員に対しては、とにかく「ほめる」。ほめて動かすの一点のみです。そのうえで、「普通にほめる」「すごくほめる」「極端にほめる」と、ほめる度合いに差をつける。

昔なら叱っていた場面でも、いいところを見つけて何とかほめる。昔なら何もいわないような、そこそこの成果の場合は、「よくやったね」と強い調子でほめる。昔の時代でもほめるような大成果の場合は、「これはすごい。本当によくやったね！」と口を極めてほめるのです。
「ほめる」を段階的に使い分けることで、部下のモチベーションを高めていくようにしましょう。

「厄介な部下」をどう扱うか

部下や取引先とのつき合いのなかで、トラブルメーカーになりそうな人はいないか？下手に扱うと厄介な問題を起こしそうな人物はいないか？　人を見極めることも仕事のスキルの一つだといえます。

部下だけでなく、自分の上司や同僚でも、明らかに変わった人、面倒な人がいる。そういう人とどう接すればいいかというと、下手に相手を説得したり変えようとしたりしてはいけません。直接自分の仕事に関係がないのであれば、とにかく避ける。

直接関係があっても、なるべく距離を保つようにしましょう。嫌いな人物、苦手な人物と同様ですが、接点を減らす、線引きをするのが一番の解決策です。

外務省でインテリジェンスの世界に身を置いていたころ、ウソをついたりごまかしたりする人には当たり障りのない仕事だけをさせて、本当の意味での仕事を振りませんでした。そういう人物と仕事をすると、致命的な被害をこうむることになるからです。

それが自分たちの組織だけでなく、日本という国家全体の利益を守ることになると考えていたからです。

ただ、問題のある人はすべて排除すればいいのかというと、一概にそうともいえないのが難しいところです。

先日、大阪に本社があるお好み焼き屋チェーン「千房」の中井政嗣社長とお話しする機会がありました。同社は服役し出所してきた元受刑者を雇用していることでも知られています。採用するものの、残念ながら途中で辞めてしまったり、なかにはレジのお金を盗む者がいたりと、いろいろな苦労もあったようです。「会社のマイナスになるのではないか」と、社内から反対もあったといいます。

ところが中井社長は、「雇ってみてよかった。元受刑者を雇うことで、店長のマネジメント能力が確実に高まった」といいます。

元受刑者のなかには、きちんと時間を守れなかったり、いうことを聞かなかったりする人もいる。そういう人をフォローしながら店を切り盛りしていくうちに、店長たちのマネジメント能力が著しく上がった。トータルで見てみると、組織全体としての力が強くなり、元受刑者を雇ったメリットは大きかった、というのです。

多様な人材を取り込むことで、組織には「耐性」がつく。免疫力といってもいいかもしれません。

ですから、あなたのいる組織に変わった人物、常識では考えられない人物がいたとしても、その人物が実は組織の「耐性」を上げているのかもしれない。

その人物とは適度な距離を置きつつも、完全に拒否せず、ある程度受け入れてみる。そうすると、自分の心のキャパシティが広がるきっかけにもなりえます。

モーレツ社員はいつか〝燃え尽き社員〟に

部下を見極める際にも、前章でご紹介した仕事の「成果」と「快・不快」のマトリックスでの4タイプ判定が使えます。部下に自己評価させ、タイプを割り出してみましょう。

上司が特にケアしなければならない一番問題な部下は、どのタイプだと思いますか？

仕事は好きそうだけど、いまいち成果が上がっていないDの「マイペースタイプ」の部下は、成果が上がっていないので上司としては問題があるように感じがちですが、何かの拍子にスイッチが入れば成果を上げます。Aの「ハイパータイプ」に変身する可能性があるのがこのタイプです。

上司が一番注意しなければいけないのは、実はBの「ワーカホリックタイプ」です。成果は上げているので上司から見たら根性のある優秀な社員に見える。ところが、本音では自分の仕事が好きではない。こういうタイプこそ、ある日突然燃え尽きてしまうリスクを抱えています。

バリバリ仕事はこなしているけど、どこかつらそうにしている。そういう部下は、仕事を少し減らしてあげるか、ノルマや目標を下げてあげましょう。いったん余裕をもたせ、自分のペースで仕事をさせてみて、仕事の面白さを感じさせる。モチベーションをもう一度取り戻させるのです。

高度成長期の「モーレツ社員」のように、仕事以外のことは何も考えず、がむしゃらに働くべきだという時代は終わりました。先ほどのマトリックスでいうなら、Dの「マイペースタイプ」くらいがちょうどいい。

すぐに成果は出なくても、仕事を楽しみながらやっている人たちが増えてくれれば、組織全体の雰囲気は自然と明るく前向きになり、いずれ成果もついてくるはずです。

上司はつい仕事の成果にばかり目を向けがちですが、まずは部下たちが〝快〟の状態で働けているかどうかをケアすること。遠回りのようですが、最終的にはこれが職場全体のパワーアップにつながるのです。

いい部下は未来を照らしてくれる

「働き方改革」で残業はとにかく減らすべきだといわれ、多くの人はその流れを歓迎しています。しかし一部エリート候補の若手は、きっちり定時で仕事を上がっていては、将来自分が会社を引っ張るための実力をつけられないとわかっています。

また、そういう人材は酒の席でのつき合いが意外な情報源となったり、将来の自分の人脈につながると考えているので、いたずらに拒否したりしません。

実際、働き方にも二極化が起きています。幹部候補の若いビジネスパーソンは、残業は当然のようにして、土日祝日も仕事や仕事絡みの勉強などに費やして自己研鑽する。それに対して、その他の一般ビジネスパーソンはノー残業を忠実に守り、そのような一部エリートがどのように仕事をしているのかを知りません。

上司は育てるべき人物を見極め、そういう人材を伸ばすことに注力すべきです。組織の論理や大人の論理を説いても、言葉が通じる若手と一切通じない若手がいる。通じない若手に対して無理に理屈を押し通しても、結局は強引な人物だとかパワハラだとか陰でいわれかねません。部下を育てるのはそれだけ難しくなってきています。

部下のほうに「その気」があるのかないのか。「覚悟」と「自覚」があるのかないのか。しっかり見極めて対応を変えなければならないのです。

つまり、部下を育てるというのは、身を粉にして何も見返りを求めずにひたすら成長を願う、というきれいごとではありません。

部下を育てることができれば、いずれ自分の仕事を任せられる。そうすれば自分が楽になり、次の仕事にチャレンジできる。裏にはそういう計算があります。さらに育てた部下が自分を支持してくれる存在になれば、自分自身が組織を渡りやすくなります。

部下を育てる労力と、それによって自分が得られる利益。このような計算を働かせて、自分に関わった人間を引き上げられるのがいい上司です。

セクハラ・パワハラの境界線は？

職場における「セクハラ」や「パワハラ」の感覚は、50代と若い世代で認識に大きなギャップがあります。いまの50代が新人だったころ、当時の上司は女性の前で平気で猥談をしたりお酒の席で体を触ったりと、いまだったら完全にアウト。

セクハラという概念すらほとんどなかった時代です。そんな上司を見て育った50代は、時代が変わったことは理解しつつも、感覚の部分ではいまの時代のスタンダードをよく理解できていない可能性があります。

少し前になりますが、女性記者にセクハラ発言を連発したとされる財務省の福田淳一前事務次官などはその典型例でしょう。録音された音声を自分の声とは認めないまま財務省を辞めましたが、女性に対する露骨な言動は聞いていて実に不快なものでした。

財務官僚のような超エリートがどうしてあんな下品な言葉を？　と不思議に思う人が多いかもしれませんが、「倫理性」と「頭のよさ」は関係ありません。頭がいいからといって、倫理観がしっかりしているとは限らないのです。

人は大きく4つに分けられます。「頭がよくて倫理性の高い人」、「頭はいいが倫理性の低い人」、「頭がよくないが倫理性の高い人」、「頭も悪くて、かつ倫理性も低い人」。このなかで一番タチが悪いのが、実は「頭はいいが倫理性の低い人」。いわゆる知能犯で、こういうタイプはセクハラやパワハラが表に出ないよう、巧みにやってのけます。

50代のビジネスパーソンはちょうど旧世代と新世代の中間にいて、難しい立場にあると思います。自分では親愛を込めて、「かわいいね」「きれいだね」とほめているつもりが、若い女性からは「セクハラです！」と受けとられる……。

欧米ではセクハラ被害を告発する「MeToo《ミートゥー》運動」（私〈me〉も〈too〉の意味）が盛り上がり、女性が「私もそんなことがあった！」と次々に声を上げる時代です。

もう昔の話で時効だよ、なんて油断していると、「実は私も被害者だった！」と過去の体験を思い出して怒りがよみがえり、声を上げる職場の女性が出てくるかもしれません。

役所や政治の世界に比べると、民間ではセクハラやパワハラに対する意識が職場内で共有されているところが多いようです。それだけに、いまの50代ビジネスパーソンの潜在意識には、「面倒な時代になったな」という思いもあるかもしれません。

いちいちセクハラだ、パワハラだといわれるのを恐れ、若い社員や異性を腫れ物のように扱うしかなく、距離を置かざるを得ない。下手に親愛の情を表現して「パワハラ」「セクハラ」と騒がれるくらいなら、いっそ距離を置いたほうが楽だ……。そのように考えるのも致し方ないのかもしれません。

「弱者の目線」に立てているか

しかし、そのように距離を置くことで本当に問題は解決するでしょうか？　私は逆に問題の本質が見えなくなってしまうと考えます。強者の立場に立つと、人はえてして相手を思うように動かせると錯覚してしまう。すべてのセクハラ、パワハラはそこに源がある。強者の、弱者に対する一種の「甘え」の構図があるのです。

自分は強い立場だからこれくらいは許される。追及されることはない。そんな甘さが相手に対する暴言や暴挙となって表れる。そのような思い上がりや上から目線は、下の人間や弱者を傷つけます。

どれだけ弱者やマイノリティの視点に立てるか。視線を低くしてものを見られるか。男性だからとか女性だからとか、パワハラだとかセクハラだとか、そんな表層的なことより、そうした根本的な意識のもち方について考えてみる必要があります。

福田淳一前事務次官の言動も、エリートだからこその思い上がりがあったはずです。この一件から、役人の世界では女性記者一人の取材はお断りという動きが出てきていますが、これもおかしな話です。本来求められるべきは、どんな状況であれセクハラをしないということでしょう。

セクハラやパワハラとは無縁で、部下や周囲の人たちと男女問わず親密な関係を築き、信頼されている上司もたくさんいるはずです。そういう人たちには、強者の立場で人を動かそうという意識はないでしょう。

それなりの立場と地位に立つことが多くなる50代だからこそ、弱者の目線、少数者の目線を自分のなかにもち続ける。その公平さ、公正さは必ず相手にも伝わります。

信頼関係を築くことができれば、もはやセクハラやパワハラなど起こりえない。そのように私は考えています。

組織の悪と戦ってはいけない

これからの時代、表面的にはパワハラやセクハラは減っていくでしょう。とはいえ、いくら時代が進歩しても、セクハラやパワハラといった組織内の「悪」は完全にはなくなりません。表立って見えなくなるだけです。

イタリアの小説家・哲学者であるウンベルト・エーコの『永遠のファシズム』で、彼は「人間の非寛容」の問題について考察しています。それによると、人間が他者を攻撃したり排斥したりする非寛容の根源には、「縄張りを守らねばならない」という動物的な本能があるそうです。

社会的動物である人間には、常に「異質なものに対する恐怖」があり、それらから自分たちを守ろうとする防衛本能がある。そして、この「異質なものに対する恐怖」を巧みに煽ることで、人々の心を支配していくのがファシズムだとエーコは分析します。

他者を攻撃したり排斥したりする非寛容は、人間が人間である限り決してなくならない。つまり、人間の集団がある限りパワハラもセクハラも完全にはなくなりません。

さらには、キリスト教では人間には原罪があるとしています。たとえ善をなしたいと欲していたとしても、人間には原罪があるので悪を行ってしまう運命にある。つまり私たちが人間である限り、パワハラやセクハラといった悪もなくならないことになります。

だから、こうした人間の悪を根絶しようとしても無理なのです。人間は悪であるということを前提に、それが起きにくいような仕組みづくりをしていくしかありません。

下手に目立たないというリスク管理術

私がかつて所属していた外務省も、パワハラまがいの行為がはびこる組織でした。若いころは、まるでいじめのように不条理な仕事の押しつけ、シゴキがたくさんあった。いまは改善されたと信じたいですが、かつては教育的な指導の一つとして当たり前に行われていたのです。初年兵が徹底的にしごかれる旧日本軍の組織（内務班）とそっくりでした。

そして外務省には、不条理な圧力が常に存在していました。暗黙の掟、派閥の力関係など、正論だけでは通らない圧力があった。

このような組織では、このような組織では、「下手に目立たない」ということが一番のリスク管理です。目立った行動をしていると、仕事が順調にいっているときはいいのですが、いざ何か問題が起こったときには、一気に標的にされてしまいます。

実際、鈴木宗男議員と連携して北方領土返還に向けて動いていた私は、いろいろな意味で目立ちすぎたため、標的にされてしまった感があります。

当時の私は30代後半で、まだまだ血の気も多かった。私が40代、50代ならもう少し目立たないように行動をしていたかもしれません。とはいえ、あの事件があったからこそ、いまの作家としての自分があるともいえるわけですが。

とにかく、組織に対しては勧善懲悪のようなメンタルはもたないほうがいい。エーコもいうように、人間の非寛容は本能的なものですから、「組織の悪」はなくならないものだと諦め、そのうえでどう行動するかを考えたほうが得策でしょう。

50代ともなれば、部下を指導する立場になると同時に、管理職として組織のさまざまな矛盾や圧力と対峙しなければならなくなってきます。20代、30代であれば若々しい理想に燃えて、矛盾や悪に真っ向から立ち向かうシーンがあるかもしれません。

しかし50代以降は、そうすることが必ずしも正しく、賢いわけではなくなるのです。

組織の矛盾や悪と正面から戦うことはおすすめしません。個人は組織の力には絶対にかなわない。それが、これまでの人生から得られた結論です。

「長いものには巻かれろ」「世間と屏風は曲げねば立たぬ」。組織で生き延びるにはある種の諦念が必要であり、物事を常に一歩引いて見ることが不可欠です。

組織がある限り派閥はある

組織がある程度の規模になれば、そこには必ず派閥が生まれます。派閥というとなんだか仰々しく聞こえますが、たとえば昼飯を一緒に食べに行くランチ仲間、仕事帰りに一杯飲む仲間も、意識をするしないは別として、一種の派閥を形成しているのです。

人間は、嫌いな人とは食事をしたくないもの。食べるという行為は動物的な本能にもとづいたもので、無防備になる瞬間でもあります。それだけに、敵と認識する人間を無意識に避けようとするのです。ですから、一緒に食事を共にするというのはすでに心を許しているということ。派閥は、生理的に受け入れられる相手としかつくれません。

進化生物学者のリチャード・ドーキンスは、著書『利己的な遺伝子』で、人間は遺伝子が生き残るための乗り物であり、人間は遺伝子に操られていると考えました。そうであるなら、遺伝子を残すために、人間は常に子どもをつくるという選択をとるはずです。

それなのに、先進国では避妊をするカップルが増えて少子化が進んでいる。これはいったいどういうことか。そこには、子どもをつくらずに一定の生活を維持したいという経済的な事情と、それをよしとする文化的な背景がある。遺伝子を複製して増やそうという利己的な本能より、それを抑える文化的な意識のほうが優勢になっているわけです。

そこでドーキンスは、人の脳から脳へとコピーされる〝文化的な要因〟があるのではないかと考え、この情報単位を「ミーム（meme）」と名づけました。ある価値体系がミームを通して組織や集団のなかで広がり、受け継がれていくというのです。

こうして受け継がれる文化的な情報はとても強力なもので、人間にとって非常に重要な意味をもつといいます。

派閥を形成する人間の習性も、このことが関連しているのかもしれません。社会人になれば食事の場でも、お酒の場でも、多くは仕事関連の話になります。そうして社内の情報や文化を共有することで、「自分が生き残るすべ」を探っているのです。社内で派閥がつくられるのは、生き残りをかけた人間の自然な習性といえます。

このようにしてつくられた派閥は、必然的に「政治的な力」を志向するようになります。自分たちの派閥の共通意思や文化を広めることで、自分たちの利益を最大化していこうとするからです。派閥は互いに争い戦うことを宿命づけられているのです。

組織のトップは軸をぶらさない

50代のビジネスパーソンで、どの派閥や集団にも属さず、「オレは一匹狼だ」とうそぶいている人がいたら、その人こそ少し怪しい。おそらくその人物は偏屈な嫌われ者か、誰からも相手にされないくらい能力のない人間のどちらかでしょう。

人間が社会的な動物、集団をつくる動物である以上、派閥の力学から逃れることはできないという事実を客観的に見極めることが重要です。

逆にいえば、50代で派閥闘争や社内政治に巻き込まれている人は、会社でかなり重要なポストやキャリアにまで進んでいる人でしょう。

前述した「世間と屏風は曲げねば立たぬ」という発想が重要です。自分の考えやスタイルに固執するのではなく、ときには自分を曲げる柔軟性が世渡りには必要です。

ただ、八方美人のようにどの派閥にもいい顔をして、状況に応じてコロコロと所属を変えるようなことは避けたほうがいいでしょう。「あいつはなんだか信用できない」と、誰からも相手にされなくなる可能性があります。

私が見てきた派閥のトップ、組織を引っ張っていくような人は、柔軟性のなかにも一本筋の通った、ぶれない自己をもち続けていました。表面的な柔らかさはあっても、絶対に譲らない部分を内包して、愚直で頑固な「芯」を隠している。相矛盾する性質を併存させているのです。

派閥のリーダーから、結果的に組織全体のトップに上り詰める人物は、多くがこのような性質をもっていたように思います。

「そこまで自分は行けそうもないし、また望んでもいない」という人でも、会社で生き残るには派閥とその力学を知り、受け入れていくことが肝要です。

「待つ力」で社内政治を勝ち抜く

派閥の力学に触れたところで、もう少し広く、社内政治について考えてみましょう。

まず、政治に長けているというと尊大で押しの強い人をイメージするかもしれませんが、実際はものすごく「気遣う力」をもっていることが多いです。人の心の動きを読み、感情を動かす力がずば抜けています。この能力が優れているのが、かつて一緒に北方領土問題に取り組んだ鈴木宗男さんです。

日本の代表団が北方領土を訪問した際のこと。現地の人と写真撮影することがあるのですが、たいていの人は「あとで写真を送りますね!」というものの実際には送らない。ところが鈴木さんはインスタントカメラをもっていき、その場で写真を相手に渡すのです。当然現地の人は喜び、そんな心遣いをしてくれる鈴木宗男という人物に好感をもちます。

鈴木さんは、「写真を送るなんて小さな約束を守れない人間が、大きな約束を守れるか?」といいます。大きな約束とは北方領土問題のこと。鈴木さんは小さな約束を守り続けることで、信用をどんどん積み上げようとしていました。

政治力のある人は、相手が何を求めていて、どうすれば喜んでくれるのかを常に考え、それを実現するための努力を欠かしません。

また、社内政治を勝ち抜くには「待つ力」も重要です。徳川家康はその典型例。織田信長や豊臣秀吉のようなスター的存在が一線で活躍しているとき、彼はじっと我慢して機をうかがい、ここぞというタイミングで一気に表舞台に登場した。

家康は幼少期に織田氏や今川氏の人質となり、不自由と不遇の時代を過ごしている。そうした境遇だったからこそ、織田信長、豊臣秀吉の天下のときも、自分の出番になるのをじっと待つことができたわけです。

会社でも、目立った活躍をしてすぐに華々しい結果を残す人物がたまにいます。ところが、その後役職が上がるにつれて勢いを失ってしまう。あまりに早く注目を浴びて逆に周囲から警戒されたり、足を引っ張られたりするからです。

じっくり腰をすえて実力をつけ、周囲に協力者や味方をたくさんつくっておく。そして機を見てしっかり花を咲かせる。焦らずタイミングと時期を待つことが大事です。

もう一つ必要な能力として、「ヤバいことから逃げる力」を挙げておきましょう。これは、危機を察知して逃げる力のこと。特に気をつけなければならないのが法令違反。組織によっては、利潤追求のため、法令違反ギリギリのことをするケースがある。こうした仕事からは、全力で逃げなければなりません。

とはいえ、誰もが一介の勤め人ですから、「そんな仕事はしたくありません！」とまともに辞退したら、「あいつは何だ」と会社ににらまれます。

そんなときに有効なのがサボタージュ。「はい、わかりました」と表向きは素直に答えつつ、なんだかんだと理由をつけて先延ばしにする。そうやって、なし崩し的にその仕事をなかったことにしたり、自分が担当から外れるように仕向けたりするのです。

ただ、本当にヤバい仕事のときには、「明らかな法令違反です。わが社にとって致命的な結果になり、甚大な損失をまねく恐れがあります」と、あくまで社の利益を優先しているという姿勢を見せたうえで、会社の上層部に訴えることも必要でしょう。

「斜め上の応援団」をつくっておく

ある会社の40代のA課長が大きなミスをしてしまいました。役員会で彼の処遇が話し合われます。直属の役員も何もいえない。すると別の部署を管轄する役員が、「彼は日ごろから大変よく仕事をやっているし、今回の件は大目に見てやってはどうか」という助け舟を出しました。それによって、A課長は始末書だけですみました。

一方、ほぼ同じようなミスをして損害を出してしまったB課長。ところがB課長は、役員会で誰も助け舟を出してくれず、結局左遷されてしまいます。

ここでのポイントは、A課長をかばったのは直属の役員ではなかったということ。直属の役員の場合、「大目に見てやってほしい」などと訴えることはためらわれる。別の部署の役員がいうからこそ、社長以下ほかの役員に対して説得力があります。

組織で生き残るために、A課長をかばった役員のような「斜め上の応援団」をつくっておくことはとても重要です。別の部署で、直属の上司と同じくらい権限をもつ人や、直属の上司より高い立場にいる人をあなたの応援団にするのです。

なぜその役員がA課長をかばったか? 以前、自分の直属の部署が人手不足でピンチのとき、A課長は率先して休日出勤をして仕事を手伝った。役員はそのエピソードを役員会で披露したようです。そのような、目先の利を度外視した姿勢が自らを救いました。

かといって、ほとんど接点のない他部署の部長や役員に、いきなり応援団になってもらうのは難しいでしょう。社内で応援団になってくれるのは、現実的には〝別の部署に異動した昔の上司〟という場合がほとんどです。

ですから、同僚と酒の席で上司の悪口やグチばかりいっている人は、まず斜め上の応援団をつくれません。上司も自分に批判的だった昔の部下を応援しようと思うでしょうか。

また、新しくやってきた上司に取り入ろうと、以前の上司のグチや文句をいうような人もいますが、これはまったくの逆効果。新しい上司は、「部署が変わったら、オレの悪口もいいふらすような人間だ」と考えます。

斜め上の応援団をつくるためにできることは、まずは直属の上司との関係を良好にして、お互いの信頼関係を築いておくこと。これが実は一番の近道なのです。

信頼関係の積み重ねがあとで生きてくる

しかし50代ともなれば、斜め上の上司はもう会社の役員クラスだったりして、なかなか社内で応援団を増やすことは難しくなるかもしれません。その場合は取引先や得意先など、会社にとって重要なお客様を味方にする。つまり、社外に応援団をつくるのです。

その人たちから会社に、「○○さんには本当によくしていただいて」とか、「ぜひ今後も○○さんとおつき合いさせてほしい」といってもらうような関係をつくるのです。

たとえば私という作家と出版社の編集者の関係。私自身、「この人とは長く仕事を続けたい」と思う編集者と、そうではない編集者がいます。仕事の進め方や本の完成度、その人の性格や雰囲気など、さまざまな要素から判断します。

作家の立場からすれば、この編集者と組むと仕事がスムーズだし、気持ちよく本づくりができると思う場合、できるだけ関係を長く続けたい。もしその人が異動して担当を離れるようなことがあれば、場合によっては、「私の担当に残してくれ」と会社の上層部に働きかけるかもしれません。

このような構図は、どこの世界、業界にも当てはまるはずです。取引先やお客様と、しっかりした信頼関係が築けているでしょうか？

少なくとも私の場合ですが、あまりに自分の利益ばかりを追い求めて近づいてくるような人とは、あまりつき合いたくありません。

外務省にいたころ、数百人の新聞記者とのつき合いがありました。ところが鈴木宗男事件で捕まって外務省を辞めたあと、残った記者はわずか3人。しかしこの3人は、私にとっての大切な「斜め上の応援団」です。

特に産経新聞の記者だった斎藤勉氏には、出版社の方などいろいろな人を紹介していただきました。こうした応援団がいなければ、私が作家として再スタートできていたかどうかはわかりません。たった数人の応援団によって人が救われることもあるのです。

つらいときには〝下〟を見る

前述した通り、50代のほぼ9割方はすでに社内の出世競争から外れているという認識で間違いありません。役員まで上り詰めるのはほんの一握り。それ以外は55歳をすぎたあたりから役職定年とされ、それまでの部長や課長職を外され、給与を下げられるケースも多くなります。

出世は実力以上に運が大きく左右するため、たとえば自分の所属していた派閥の長が対立する派閥との権力争いに敗れた場合、長を支持していた一連のメンバーも主流ラインから外され、冷や飯を食わされるなんてことはよくあります。

また、自分ががんばって部署をうまく回していたとしても、部下の一人がふとしたときに大失敗や不祥事を起こしてしまったら、もうそれでアウト。出世の道は消えます。

出世ラインから外れたときに大事なのは、その事実をきちんと認め、そのうえでどう会社で生き残るかという現実的な戦略を立てることです。

重要なポイントは、すべてをいったんリセットすること。

「これまで自分は実績を積み上げてきた」「会社に貢献してきた」と自負しているかもしれませんが、それをすっかり捨ててしまえるかどうか。一度まっさらな状態にして、ゼロから再スタートするわけです。

ところが、50代にもなるとなかなか「リセット」できない人が多いもの。過去の栄光や成功体験にいつまでもしがみつき、ついつい当時の基準で考えてしまう。「いまの若いヤツは」「オレが第一線のころは」など、話すことが説教調になってきたら要注意です。

ラインから外れた人に対する周囲の見方はシビアです。昔とは違う立場で再スタートするわけですから、新人になった気持ちで、まわりに迷惑をかけないよう、与えられた仕事を黙々と地道にこなすことに集中しましょう。

また、経験があるという自負から、「それはおかしい」「こうあるべき」などと正論を振りかざしてはいけません。卑屈になる必要はありませんが、かつて上司の立場だった自分のまま、ついつい横柄な発言になりがちです。定期的に振り返ってみましょう。

先日、用事があり地方に出かけたのですが、マクドナルドの店頭でアルバイト募集の貼り紙を見かけました。時給は８４０円。「年齢、経験不問」とありました。

そのときふと考えたのは、あらゆる経験やスキル、立場などをすべてもたず、身一つで働くとしたら50代はいまの世の中でいくら稼げるのか、ということです。

まさに、このマクドナルドのアルバイトの時給がそうです。それまでのキャリアをまっさらにしたときに、稼げる額は1時間８４０円なのです。

いざアルバイトをするとなったら大変です。大企業の部長だったというキャリアでも、いざまっさらで働いたらレジ打ちもロクにできない。接客もうまくできないかもしれません。私がもし作家のキャリアを一切捨てて地方のマクドナルドで仕事をしたら、同じく時給840円。おそらく最初は仕事の覚えが悪くて、年下の先輩に叱られたり小言をいわれたりするのが目に見えています。

それを考えれば、役職定年で給与が下がってしまうとはいえ、まだまだ自分は恵まれていると思えるはず。それまでのキャリアや肩書きなんて、どうでもよくなるはずです。

かつてあなたが煙たがった団塊の世代の人たちも、30代、40代のころは最前線でバリバリ働き、会社のために身を粉にしていました。逆にいまの50代を煙たがる30代、40代の若い人たちも、いずれは同じような立場に追いやられる。

組織のなかではすべては順繰りで、自分もその例外ではないのです。一種の宿命のようなものだと考えたら、少しは気持ちが「リセット」されるのではないでしょうか。

聖書が教える「よきリーダー」

キリスト教徒である私は、聖書の教義をさまざまな判断や価値基準の参考にすることがあります。ここで少し趣向を変えて、聖書から組織や人との関係を読み解いていきましょう。聖書には、人間関係や組織のリーダーとしての心構えを示唆してくれる言葉がたくさんあります。

「自分を低くして、この子どものようになる人が、天の国で一番偉いのだ」（マタイによる福音書18章4節）

「あなたがたのなかで偉くなりたい者は、皆に仕える人となり、一番上になりたい者は、皆の僕《しもべ》になりなさい」（マタイによる福音書20章26節～27節）

自分を低くして子どものようになる人は天国では一番偉いかもしれませんが、現実社会でそうするのはなかなか難しいものです。

ただし、身を低くする人、仕える人、僕となる人がまったく上に行くことはないかというと、そうでもありません。実は会社組織でも政治の世界でも、意外に腰の低い人、物腰が柔らかくて自分を前面に出さないような人がリーダーに抜擢されたり、多くの部下の支持を得て上に昇ったりするケースがよくあります。

自分を大きく見せ、他人を出し抜いてまでのし上がろうとする人は、ある程度のところまでは出世するかもしれません。あるいはある時期までは何とか立場を維持するかもしれない。しかし、いずれにしても長続きしません。何かしらのつまずきや失敗がきっかけで落ちていってしまいます。

さらに、聖書から読み解くいいリーダー像の条件として、「自分を愛することができる人」ということが挙げられます。

「隣人を自分のように愛しなさい」（マタイによる福音書22章39節）という有名な言葉があります。「自分のように」とあるように、まずは自分を愛することが大前提です。

しかし、これはいわゆる「自己愛」とは少し違います。どちらかというと、「自己肯定感」「自己重要感」に近いかもしれません。

自己愛型人間は他人からの評価を気にし、他者からの賞賛や評価を強く求めます。しかし「自己肯定感」や「自己重要感」の強い人は、むしろ他者の評価や他者との比較を必要としません。深いところで自己に対する信頼や自信があるため、欠点や弱点を含めたあるがままの自分を受け入れられるので、自分に対しても他者に対しても自然体で向き合うことができる。

聖書の言葉を待つまでもなく、これから求められるリーダーは自己肯定感が強く、自分も部下もありのままに受け入れることができる人。そのうえで、部下やスタッフのいい部分を伸ばしていくことができれば最高です。

職場の敵には立ち向かう

仕事をしていると、出会うのは「よい人間」ばかりではありません。なかには他者を出し抜き、踏み台にしてでも上に行こうとする人がいる。また、こちらの成功をねたみ、足を引っ張ろうとする者もいます。

「誰かがあなたの右の頬を打つなら、左の頬をも向けなさい」（マタイによる福音書5章39節）という言葉があるためか、キリスト教というと無抵抗の博愛主義を教えていると考える人がいます。でもそれは間違いで、無抵抗でされるがままになれ、という意味ではありません。それくらい腹をすえて覚悟をもって暴力に向かっていく。それによって、悪に打ち勝つようにといっているのです。

また、「敵を愛し、自分を迫害する者のために祈りなさい」（マタイによる福音書5章44節）は、敵をつくるなとか、敵に降参しろということではありません。むしろ敵を敵としてしっかり認識したうえで、その敵を真に凌駕するには祈りと愛の力が必要だといっているのです。

キリスト教は博愛主義でも、ましてお人よしの宗教でもありません。厳しい迫害のなかで教えを広めるには、危険な人物や敵対する人物にも相応に対峙しなければならないと教えています。むしろ現実主義的な側面が強いのです。

「私はあなたがたを遣わす。それは狼の群れに羊を送り込むようなものだ。だから、蛇のように賢く、鳩のように素直になりなさい」（マタイによる福音書10章16節）

「神聖なものを犬に与えてはならず、また、真珠を豚に投げてはならない。それを足で踏みにじり、向き直ってあなたがたにかみついてくるだろう」（マタイによる福音書7章6節）

周囲にいるのは決して善人や味方ばかりではありません。なかにはあなたを陥れ、傷つけようとしている人がいる。それはイエスの時代も現代も変わりません。相手をよく見て、それぞれにふさわしく柔軟に対応する。

蛇のように賢く、同時に鳩のように素直であるという二つの相反する力が世間を渡っていくには必要だということです。

上司に必要なのは性善説？　性悪説？

人間の本性は善か悪か？　古来より性善説と性悪説の二つがあります。キリスト教は人間に原罪を認めているので性悪説です。ところが、前にも書いたように非常に楽観的な部分もあります。それは、最後にイエスの犠牲によってこの世は救われると考えるから。神を信じ、神に求めれば必ず神はそれに応えてくれるという前提があるのです。

インテリジェンスの世界でも性悪説を基本としています。国家間の諜報活動をするわけですから、性善説では到底対応できません。国際政治も当然、性悪説を基本としています。

ビジネスにおいても、基本は性悪説の立場を保っていたほうがトラブルは少ないと私は考えています。たとえば、企業ではお金の使い込みが問題になることがあります。これも、人間は大金を前にするとつい誘惑に負けてしまうものだという性悪説を前提にすれば、会社は監査などのシステムをしっかりつくっておくべきなのです。

家族主義的なところがある日本の会社や組織では、性悪説を前提にしたシステムをつくると角が立つと考えているのか、厳しいチェックの仕組みがないまま本人に任せてしまう。その結果、チェックをしていたら起こらなかった不正や犯罪が起きてしまう。

どちらが本当に人に優しいのかといえば、性悪説を基本に不正や犯罪を事前に予防できるシステムのほうだと思いますが、みなさんはどう考えますか？

50代ともなると、ほとんどの人が部下やスタッフをまとめていく立場でしょう。人間は誘惑に弱く、条件と環境さえそろえばつい不正を犯してしまうもの。基本的には部下を信用しながら、一方で性悪説にもとづいて不正が出ないようにしっかり予防もしておく。

性善説と性悪説、二つのバランスをとりながら対応するのが賢いリーダーです。

第4章

50代からの「お金」

50代の3割の家庭が貯蓄ゼロ

50代は人生のなかで一番厳しい年代だといえるかもしれません。仕事、家庭、お金、そして健康。いずれも転調する時期、曲がり角に差しかかっています。上手に生き抜くには、ほかのどの世代より人生の微妙なハンドリングが必要になってきます。

少しハンドルを切り間違えれば、深い谷底に落ちてしまう――。脅しているようで申し訳ないのですが、いまの50代はかつての50代よりはるかに生き抜くことが難しくなっています。低成長時代で給与は伸びず、リストラの危機も常につきまとう。

金融広報中央委員会が行った「家計の金融行動に関する世論調査（二人以上世帯調査）」によると、50代全体の金融資産保有額の中央値は450万円（2018年）という厳しい数字。50代で貯蓄ゼロという世帯は31・8％（2017年）に上ります。

しかも、50代は予期せぬ出費が重なることがあります。ある50代のビジネスパーソンの場合、それまで貯蓄が2000万円近くあったものが、両親が次々に倒れたためその介護費用で自身の老後設計が大きく狂ってしまったそうです。

別の人は子どもが大学を卒業してもまともな職につかず、このままだと一生パラサイトシングルになるのではないかと危惧しています。

50代は年老いた親、自立する前の子ども、あるいは配偶者との関係という不確実要素、リスクを多く抱えている世代だともいえるのです。

人的ネットワークが救いになる

さまざまなマネーリスクに直面する50代。これらとどう向き合うべきでしょうか。意外かもしれませんが、マネーリスク回避のポイントは人とのつながり、つまり「人的ネットワーク」を構築することだと考えています。

それには、前述したように中学や高校の同窓会がチャンスになります。同級生はそれぞれに仕事をもち、なかにはその業界の第一線で活躍するプロフェッショナルもいる。銀行、保険などマネー知識の豊富な業界の人もいれば、お医者さんや看護師など、医療に詳しい人もいるかもしれない。

旧交を温めながら打ち解ければ、それぞれの専門の人たちからアドバイスがもらえます。

逆に、自分にも専門知識があれば誰かの相談に乗ってあげられるかもしれません。

同窓会がきっかけになり、それから年に何度か会うようになるかもしれない。すると、予想もしない有益な情報が得られる。なかには仕事を回してくれたり、安い物件を紹介してくれたり、お金の工面方法を教えてくれたり……。同窓会をきっかけにして、そんな協力関係を築くことも可能なのです。

情報交換はもちろんですが、「シェアリングエコノミー」という意味でも、人的ネットワークはとても重要です。たとえば車は、一人で所有していれば維持費や税金などの負担がけっこう大きい。しかし、何人かでこれを共有すれば負担がはるかに軽くなります。メルカリやヤフオク！でのやりとりも、広い意味でのシェアリングだといえるでしょう。

社会保障制度がどんどん縮小し、過度な期待がない分、これからはこうした横のつながりでの「シェアリング」がとても大事になってきます。50歳をすぎた人にとって、その大きなきっかけが同窓会というわけです。

同窓会で旧交を温め、ネットワークを再構築しておく。かつて同じ時間を共有した仲間とのつながりは想像以上に強固なものです。関係を温め直し、かつての親しい間柄が復活する。これほど強い人脈はありません。

厳しい時代だからこそ、みんなでスクラムを組み、力を合わせる。聖書には「喜ぶ人と共に喜び、泣く人と共に泣きなさい（ローマの信徒への手紙12章15節）」という言葉があります。イエスの教えにおける目的の一つは人々が分かち合い、共に生きるということ。そしてそれこそが、人間の幸せを実現する究極の姿だと説きます。

厳しい時代のなかで参加した同窓会での級友との再会が、共に生き、共に分かち合うことの喜びを実感できるきっかけになるかもしれません。

老後２０００万円問題のカラクリ

50代にもなれば、気になるのは定年後のお金のことです。２０１９年6月、金融庁が老後資金の不足分は平均で２０００万円という数字を発表し、物議をかもしました。この数字の内容は、２０１７年の高齢夫婦世帯（夫65歳以上、妻60歳以上の夫婦のみの無職世帯）の実収入から実支出を差し引いた毎月の赤字額の平均が、２０１７年の時点で約５・５万円であることに根拠を置いています。

この毎月の赤字に、現在の平均寿命から導いた平均余命（男性２４０カ月、女性３６０カ月）

をかけて計算した数字が、1320万円～1980万円になるということです。

あくまで平均値であり、各世帯の収入と支出には当然バラツキがありますから、どれだけ不足額が出るかは人それぞれ。この赤字を何で埋め合わせているかというと、おもに退職金などの預貯金を切り崩しているというのが実情のようです。

ですから、一概に老後の不足金額は2000万円だと言いきることはできません。問題は、これからの時代、現状と同程度の退職金や年金が支給される保証がないということ。切り崩すだけの余力がなくなってしまうのです。

厚生労働省の「就労条件総合調査」によると、大卒で入社した人の平均退職給付額は2003年の2499万円から2018年は1983万円へと、この15年間で500万円以上も減っています。

同調査によると退職給付制度を設けない企業も増えていて、2003年に「退職給付制度なし」が13・3％だったのが、2018年には22・2％にまで増えています。実に5社に1社以上が、「退職給付制度なし」という結果なのです。

このような時代の移り変わりも視野に入れたうえで、定年後のマネープランを立てていかなければなりません。

投機にはまると老後破産も

「いまの時代、銀行預金に退職金を預けてもほとんど増えません。これからは、投資で増やす時代です！」といった話をよく聞きます。しかし、下手に投資に手を出すと、大きな痛手を負って老後破産するという最悪のシナリオもありえます。

素人が一番避けた方がいいのはFXやビットコイン。これらは、投資というよりもはや投機やギャンブルに近いでしょう。ギャンブルが怖いのは、値動きによって脳内麻薬が分泌され、依存症になってしまうこと。マイナスを取り戻そうとしてさらに深みにはまり、財産を失うまで続けてしまうことにもなりかねません。

では株や投資信託はどうか？　長期利益を狙う堅実な投資方法であればギャンブル的な要素は少なくなりますが、手数料がかかってくる。多少利益が出たとしても取り引きを繰り返すほどに手数料をとられ、利益は一気に小さくなってしまいます。結局、一番儲かるのは証券会社や銀行だということです。

マルクスの『資本論』を勉強してきた私からすると、投資によってお金を増やすことには抵抗感があります。

マルクスは「労働によってお金を得ることが、資本主義の本来の姿」だと考えました。それに対して、お金を運用することでその差益を得る、つまり労働を介在させずにお金がお金を生み出す資本を「擬制資本」と呼び、労働による資本とは別物と考えたのです。

ところがいまや、マルクスのいうところの「擬制資本」が経済の主役になってしまった感があります。その点で私の感覚が古いのかもしれませんが、やはりお金は労働によって稼ぐものだという感覚を失いたくはありません。

使わないための〝仕組み〟をつくる

とはいえ、投資活動をまったく否定するわけではありません。現実的に考えれば、こんな時代だからこそ、お金に余裕があるのなら、ある程度は投資にお金を回すのも選択肢の一つになりえます。それによって経済の仕組みを学ぶこともできます。

私は最近、郵便局で日本の国債を購入しました。国債は金融商品のなかでもっとも堅実な商品の一つです。国が発行している債券ですから、国家が滅亡しない限り紙クズになることはありません。仮に国家が滅亡しても価値がゼロにならないのが金（GOLD）ですが、こちらは価格の上下動があり、国債のように利回りが確定的ではありません。

お金を何らかの金融商品にするなら、もっとも安心な国債をすすめています。

その国債を、銀行ではなく郵便局で購入することがポイントです。町中の小さな郵便局は、大手銀行に比べて国債の対応に慣れていません。郵便局では一応国債を売ってはいますが、積極的に売ろうという気持ちがほとんど見受けられません。

職員自体が慣れていないから手続きに時間がかかるし、いかにも迷惑そうで無愛想です。そんなに時間がかかって無愛想なところに、積極的に足を運びたくなりますか？　なんだか面倒だと思う人がほとんどでしょう。

わざとそういう「引き出すのも面倒な場所」にお金を押し込めて、あえて使いにくくしているのです。流動性を低くすることで、つい手をつけてしまうことを避けられます。

50代の人が資産を増やす一番簡単な方法は「使わないこと」。利息で少し増えたとしても、その分を浪費してしまえば意味がありません。増やすためではなく、使わないために投資するのです。

ちなみに、国債の利回りはほかの商品に比べて高くないとはいえ、銀行預金と比べればはるかに高い。増やすためではなく、「守る」ためのマネープラン。50代はこの視点が大切だと考えます。

金融投資は年収の5%まで

とはいえ、金融投資で大きな利益が出ると見込んで将来設計をするのは危険です。金融投資に関しては、素人と玄人の力の差、すなわち情報格差と実力差があまりに大きい。柔道でもボクシングでも体重によって階級がありますが、投資の世界は大人と子どもが同じ土俵で闘っているようなものです。

それでも金融投資をするなら、失敗してなくなってもかまわない、余裕資金の範囲内でやること。金額的には年収の5%がメドです。たとえば年収500万円の人なら、投資に回していいのは25万円まで。金額を大きくして余裕資金からはみ出した投資をすれば、肩に力が入ってしまい、余計に失敗しやすくなります。

投資先としては国債がもっとも堅実ですが、多少のリスクを許容できるのであれば「つみたてNISA」のような非課税になる制度を利用するのがいいでしょう。2018年1

月からスタートした「つみたてＮＩＳＡ」は、年間40万円までの積立投資であれば運用益が非課税になるという商品です。

通常、投資益には所得税、住民税、復興特別所得税を合わせた約20％の税金がかかります。年間10万円の利益が出た場合、２万３１５円の税金が引かれ、７万９６８５円が手元に残ることになります。

「つみたてＮＩＳＡ」の場合、投資額の範囲内であればその税金が一切かかりません。そして最長20年間の長期投資ができるのも魅力です。元本保証ではありませんが、素人が運用しやすい制度になっています。

「健康」と「家族」は最高の投資先

金融商品に投資するなら、50代はほかにもっと投資すべきものがあります。それは「健康」に対する投資です。会社や地方自治体で毎年行われる健康診断をしっかり受けることは大前提として、自分のお金で年１回、人間ドックに入ることをおすすめします。

会社の健康診断は流れ作業的な部分がありますが、自費で受ける人間ドックでは、念入りにしっかり検査をしてくれます。

そこで自分の体のウイークポイントや潜在的な病気のリスク、体のクセを把握しておく。会社の健康診断でわかる項目はもちろん、各部位のがんやポリープの有無、心臓の状態、脳の血管の危険な箇所まで細かく自分の体の状態が把握できます。

そのうえで運動をしたり、食生活を改善したり、必要に応じてサプリを服用する。場合によっては医師から医薬品を処方してもらう。

不摂生を繰り返し、50代後半、60代になって体を壊してしまうとそこからが大変です。まともに出社できなければ収入が危うくなるだけでなく、医療費などの出費がかさんでしまう。病気一つで、自分と家族の人生設計がすべて崩れてしまうことになりかねません。

健康に働ける自分をいかに保つか、そのための投資こそ最優先で考えるべきでしょう。

次に大切な投資先は、家族です。仕事の忙しさにかこつけて、ついつい家族とすごす時間をないがしろにしていませんか？

定年を迎えて退職金も出た。さてこれからゆっくり家族とすごそう……と考えていたら、「ようやくこの日がやってきました。あなたとすごした30年は、ただただ苦痛なだけでした」という妻からの宣告。家族も退職金もどこかへ消えてしまった――。そんな実例を知っています。

仕事に追われ、家庭を顧みなかった男性が、そのような逆襲にあうのは珍しいことではありません。

会社にも国家にも十分に頼れない時代、これからのセーフティネットは「人とのつながり」「身近なコミュニティ」だとすれば、家族はもっとも身近なセーフティネットです。

家族と向き合うことを避けてはいなかったでしょうか？　いまの50代のビジネスパーソンは、家族とのつながりを見つめ直すべきです。

ときには家族や夫婦で外食をしたり、旅行やレジャーに出かけたりする。これらは決してムダづかいではありません。家族の絆を強め、将来お互いに助け合う関係をつくるための立派な投資なのです。

「みんなで旅行したとき、あんなことがあったな」とか、「あのときのドライブ、こんなことがあって楽しかったな」。派手なことでなくてもいい。そんな体験を共有した記憶が、家族との絆を強めるのです。

家族との〝楽しい体験〟や〝思い出づくり〟に投資すること。それによって絆を強くすることこそが、金融投資などより大切な投資活動だと考えています。

これは家族に限ったことではなく、身近な人間関係すべてにいえること。最近は友人と遊んだり飲みに行ったりすることを単なる出費と考え、ひたすら家にこもっている人もいるようです。そういう人は、目先の小銭は貯まるかもしれませんが、より大切なものを失っているのかもしれません。

家族、友人、仲間たちとのつながりを強いものにするためにお金を使う。それこそが、50代のあるべき投資です。

教育費は一番のムダづかい!?

家計をやりくりするうえで頭を悩ませるのが、どうやってムダな支出を抑え、節約するかということ。入社前後がバブル時代だった現在の50代は、当時身についた金銭感覚が残像のように残っていて、ほかの世代から見るとお金の使い方が派手だと思われがちです。そんな感覚が抜けきらない50代は、家計の支出をどうコントロールすべきでしょうか。

50代の子どもをもつ家庭にとって、一番の節約すべき支出項目は「教育費」だといったら、みなさんは意外に思うかもしれません。

退職金がある程度は見込めて年金も十分に出たこれまでの時代、子どもに多くの教育費をかけても老後になって貧困に陥る心配はありませんでした。

しかしこれからは、下手に中学受験なんかして中学、高校、大学と私立に入れることになったら、自分たちの老後資金をつくる余裕がなくなってしまいます。

老後になって金銭的に子どもを頼りにするなんてことにならないよう、進学の時点で子どもに事情を説明し、大学生になったら奨学金やアルバイトなどで教育費を補填してもらうという手もあります。すると自分の力で学業をしているという自覚が生まれ、授業をむやみに休むようなことはないでしょう。

そもそもいまの時代、教育費は高騰の一途をたどっています。

文部科学省の調査によれば、大学の年間授業料は国立大学で53万5800円、私立大学の平均で87万7735円となっています（2016年）。1975年の授業料と比べると私立大学は5倍近く、国立大学は何と約15倍にもなっているのです。

この現実に加えて、サラリーマンの給与は上がらない、終身雇用制度は崩れている、退職金も年金も心もとない……。これらを勘案すれば、教育費のかけ方はいまの時代に即して考え直さなければなりません。

まずあらためたいのは、これまでのような私立一貫校への過剰な思い入れ。前述した通り、大学をはじめとする学費が高騰を続けている現在、私立大への進学、まして私立中高一貫校への進学は、これまでにないほど大きな負担になっています。

文部科学省の「平成28年度 子どもの学習費調査」と、日本政策金融公庫の「平成29年度 教育負担の実態調査」をもとに概算すると、子ども一人にかかる教育費の総額は、幼稚園から大学まですべて国公立の場合で約1050万円。

これに対して、すべて私立（大学は私立文系）の場合は約2500万円で、私立は公立の約2・5倍もの費用がかかる計算です。きょうだいがいて、どちらも中学から私立に行ったら約5000万円もの金額になります。

すべて私立校という負担に耐えられる親は、いまの日本ではなかなかいないでしょう。ですから私立へ進むのであれば大学から、それまでは公立でがんばるという選択が、家計のムダを省く一番賢い方法です。

もう子どもを私立一貫校に入れているという人は別ですが、これから私立中高に行かせようと考えている人は、再考してみてもいいかもしれません。学習の仕方を工夫すれば、国公立からでも有名私立大に進む学力をつけることは可能です。

ムダな買い物は〝仕組み〟で防ぐ

家計のムダを省くには家計簿をつけるのがオーソドックスですが、面倒で続かないということも多い。そういう人は、漏らさず記入しようと意識せず、ごく大雑把につけるようにすると続けられます。

あるいは、買い物をしたあとのレシートを袋に入れておいて、1カ月ごとに保存しておく。それをあとでざっと見る時間をつくって、自分が何にどれだけお金を使っているか、1カ月を振り返って確認するだけでもいいでしょう。

それすら面倒だという人は、1カ月に使う予定のお金を5週分に分け、封筒に袋分けして入れておきます。1週間ごとの予算を2万円なら2万円と決めて、毎週その予算内で何とかやりくりをする。カードも極力もち歩かないようにします。

1週間目を乗りきったら2週間目の予算を封筒から取り出し、財布に入れます。週ごとに使えるお金をなかば強制的に制限するわけです。

そもそも財布にお金が入っていなければ衝動買いもできません。結局は、この衝動買いをいかにコントロールするかが重要なのです。

ではネットショッピングでの衝動買いをどうするか？　ネットではワンクリックでほとんどのものが買えてしまうため、購入のハードルは限りなく低くなっています。

そこで、私はほしいものがあってもすぐには買わないようにしています。そのほしいものの名前を紙に書いて、見えるところに貼っておく。私の例だと、たとえば「ツポレフ154のジェット機の模型」「旧ソ連製のカメラ」「猫の絵のタロットカード」などです。

不思議なことに、3カ月も経つと「別にいらないな」と思えるものがほとんどなのです。それだけ人間の気持ちは変わりやすい。ネットショッピングでは余計なものを買っている可能性が高いということです。

便利な時代だからこそ、衝動買いを抑える仕組みづくりがより重要になります。

遺産について話しておくのも親孝行

50代、親の介護の次に待っているのが親の死です。その際、お金の問題として浮上してくるのが遺産相続。遺産をめぐる親族間のトラブルは年々増加傾向にあります。

平成27年に家庭裁判所に持ち込まれた遺産分割事件は1万5000件近く。うち約32％が遺産金額1000万円以下、約43％が遺産金額5000万円以下で起きています。つまり、全体の4分の3が5000万円以下で起きているのです（平成27年司法統計年報）。

1億円以上の遺産があるような家は、事前にしっかり相続対策をしている場合が多いのでそれほどもめません。「うちは遺産なんかほとんどないよ」と、遺産相続の話などしたことのないような家が一番トラブルになりやすいのです。

そもそも、親の遺産を当てにすること自体が間違っていると私は思いますが、余計なトラブルに巻き込まれたり、不愉快な思いをしたりしないようにするためには、ある程度の準備をしておくことが重要です。

まず、親が元気なうちにどれくらいの資産があるのか確認しておくこと。そのお金を当てにするというより、遺産が出てきてもめないようにするためです。

そのうえで遺産をどのように分配するか、親が生きている間にきょうだい同士でしっかり話し合いをしておくこと。口約束では意味がないので、遺言書を親につくっておいてもらうのがいいでしょう。

その際、公正証書遺言をつくっておくことがトラブル回避のポイントです。公正証書とは、当事者に頼まれた第三者である公証人（法務大臣に任免された公正証書作成者）が作成した文書のことをいいます。

遺産相続や金銭の貸し借りでもめた場合、お金や資産を差し押さえるなどの執行をするには裁判所の裁定が必要です。しかしあらかじめ公正証書をつくっておけば、裁判で争うことなく、公正証書の内容通りに強制執行されます。

ですから、親やきょうだいと話し合った結果を公正証書遺言として残すことで、後々のトラブルを防ぐことができる。なんだか世知辛いと思うかもしれませんが、それを曖昧にしておくと、あとから争いが起きて関係が断絶してしまう可能性もあります。

親としても、自分がこの世からいなくなってもきょうだい仲良く暮らしてほしいと思っているはず。親孝行という意味でも、事前の遺産相続の話し合いはしておくべきです。

お金の問題は曖昧にしない

では具体的に遺産をどう分配すべきなのでしょうか？　戦前までの旧民法では、「家督相続」といって長男がその家をすべて引き継ぐ単独相続が主流でした。

しかし、戦後の昭和22年に民法が改正されると配偶者や長男以外の子どもにも相続権が与えられ、年齢や男女を問わず均等に財産を分ける「均分相続」となりました。

どう配分するかは、遺言書や公正証書があればそれに従います。もしそれらがない場合、基本的には「法定相続」といって、民法の規定によりそれぞれの配分が決められます。

法定相続の場合、配偶者と子どもが相続人だと配偶者が「2分の1」、子どもが残りの「2分の1」を相続します。子どもが複数人いる場合はその「2分の1」を頭割り。配偶者がなく子どものみの場合は、全額をその数に応じて頭割りします。子どもがいなくて、配偶者と本人に兄弟姉妹がいる場合は、配偶者が「4分の3」で、残り「4分の1」をきょうだいで頭割りなどなど、細かく決められています。

問題は、資産が現金だけでなく有価証券や不動産などもあって分割が難しい場合。「遺産分割協議書」を作成し、関係する全員がこれに認印を押さない限り前に進めません。

ところがこれが容易ではないのです。意見が対立したり、これまでほとんど顔を合わせたことのない関係者が登場してきたりして、もめることになる。ですから、やはり遺言書や公正証書で、前もって細かく取り決めをしておく必要があるのです。

また、相続にかかる相続税を抑えるために、「生前贈与」というやり方をすることもあります。生前贈与なら、相続人同士のトラブルを未然に防ぐことにも役立ちます。

ところが、生前贈与には贈与税がかかってくる場合があり、その点には注意が必要です。贈与を受ける額が年間110万円までは非課税。ですから、分割して何年かに分けて贈与を受け取る方法もあります。また、孫が贈与を受け取る場合、目的が教育資金であれば1500万円までは非課税になります。

いざというときに相続争いで余計なストレスを抱え込まないようにするには、現実的な話し合いを事前にしておくこと、場合によってはそれを証明する書類の作成をしておくこと。お金の問題で大切な絆を失うほどむなしいことはありません。

聖書はお金についてどう語っているか

資本主義社会で利益を上げることは正義であり、その利益を求めて企業は競争し拡大していく。その考え方を突き詰めると、「新自由主義」といわれる考え方に行き着きます。

できるだけ国家の統制をなくし、資本の自由な競争に委ねる。力と能力のある者が勝ち、結果はすべて自己責任とする。擬制資本と呼ばれる金融経済が発達して、株主資本主義、金融資本主義が台頭し、すべての価値がお金や数字によって評価される。

「お金儲けは悪いことですか？」という発言で注目されたファンドマネージャーがいましたが、まさにこのような人物は新自由主義的な時代のなかで生まれたといえます。

ところが聖書の世界においては、このような価値観は認められません。聖書は「あなたがたは、神と富とに兼ね仕えることはできない」（マタイによる福音書6章24節）と明言しているのです。神とお金は対極のもので、その二つを併せ持つことはできない。

それを象徴するエピソードが、「マルコによる福音書」10章17節から25節にあります。

イエス一行が旅をしていると、ある資産家の青年が訪ねてきます。彼はイエスを信奉しており、イエスの前に跪《ひざまず》いて「自分は神の掟を守ってきたのだから、ぜひ天国へ行き永遠の命を受け継ぎたい」と訴えます。

イエスは彼にいいます。「あなたに欠けているものが一つある。行って持っている物を売り払い、貧しい人に施しなさい。そうすれば天に富を積むことになる。それから私に従いなさい」。

イエスの言葉を聞くとこの青年は落胆し、悲しみながらイエスのもとを立ち去ります。彼は手放すには惜しいほどたくさんの財産を持っていたからです。

イエスは弟子たちを見回してこういいます。「財産のある者が神の国に入るのは、何と難しいことか」「金持ちが神の国に入るより、ラクダが針の穴を通るほうがまだ易しい」。

人間に自由意志は必要か

もしイエスが現代社会に現れたら、現状を見ていったい何というでしょう。この世は富に仕える者ばかりで神の国に入ろうとする者など誰一人いない、と嘆くかもしれません。

イエスやイエスを信奉する人たちから見れば、私たちが利益を上げるため一生懸命に仕事をすればするほど、神の世界から遠ざかるように感じるでしょう。世界中で富を蓄積する国際金融資本の活動などは、まさに悪魔の所業にさえ見えるかもしれません。

とはいえ、誰もが稼がずに生きていくことなどできません。たとえばいま急に会社を解雇されたら、どうやって生きていけばいいのか、考えるだけで不安になるでしょう。

ところが、聖書を読むとずいぶん楽観的です。

「だから『何を食べようか』『何を飲もうか』『何を着ようか』といって、思い悩むな。それはみな、異邦人が切に求めているものだ。あなたがたの天の父は、これらのものがみな

あなたがたに必要なことをご存じである」（マタイによる福音書6章31節～32節）

「明日のことまで思い悩むな。明日のことは明日自らが思い悩む。その日の苦労は、その日だけで十分である」（マタイによる福音書6章34節）

神の意志に沿って生きるのであれば、必要なものは自ずと手に入る。逆に神をたのまず、自分の力で何とかしようとするのは神の意志に背く行為だというのです。

それが「何を食べようか」「何を着ようか」といって悩むことであり、その不安を解消するため、ひたすらがんばって稼ごうとする行為なのです。聖書はそれを「異邦人が切に求めているもの」と言い切っていますが、まさにいまの社会、私たちの生き方そのものではないでしょうか。

少し前、新自由主義の考え方が広まると同時に、「自己責任」という言葉がよく使われるようになりました。自由競争で負けた人や損をした人は能力が足りないか、不断の努力を怠っている。いずれにせよ「自己責任」だというわけです。

新自由主義がここまで広がる前提には、人間の人生も運命も、個人個人が主体的に切り開いていくものだという、近代以降の人間中心主義、自由主義の思想があります。

しかしこの考え方は、聖書的な価値観とは相反します。キリスト教において人間は不完全で罪深い存在であって、そのような人間が自由意思で行動すれば、たちまち過ちや罪を犯すとされているからです。

頼り、委ねると楽に生きられる

かといって、神にすべてを頼る、神にすべてを委ねるという考えはなかなか受け入れられないという人も多いでしょう。

ただ、聖書の教えや考え方を「たとえ」としてとらえるなら、日本の現代社会に生きる私たちにも参考になる部分が多々あります。

たとえば逆境に遭遇したとき、とにかく自分の力で何とかしようともがきます。しかしもがけばもがくほど深みにはまっていくのはよくあることです。

逆に自分の限界を知っていれば、ある程度までがんばったら下手にジタバタせず、あとは流れに身を委ねてしまうのです。すると、いつの間にか物事が好転しているということもよくあります。

川で溺れている人は、手足をバタバタさせてもがけばもがくほど沈んでいきます。しかし、力を抜いて流れに身を任せてしまえば自然と体が浮き上がる。ちょうどそれに似ています。自力には限界があり、ある時点からは他力に頼むことで救われる。

頼るのは神だけとは限りません。本当に自分が窮地に陥ったときは思いきってそのことを周囲の人に打ち明け、「力を貸してほしい」と素直に協力を仰ぐのです。

50代、特に男性はなかなか素直に助けを求められない人も多いですが、プライドを捨て「助けて」と声を上げましょう。すると意外なところから助けが得られて、難しいと思われていた問題があっさり解決してしまうこともあります。

そもそも、人間は一人ひとりで見れば大変脆弱な生き物です。厳しい自然環境のなか、それがこれほど代を継いで繁栄してきたのは、集団として力を合わせ、助け合って生きてきたからに他なりません。人間が社会的動物だというのは、まさにそういうことです。

「自由競争」や「自己責任」などという言葉や価値観が社会全体に跋扈《ばっこ》し出したのは、せいぜいここ数十年の話。その前のはるか長い時間、人類が生き残ってきたのは決して競争で強い者が勝ち残った結果ではありません。

互いに助け合う、共生するという人類の特性と英知のほうが、はるかに大きかったのだと確信します。

私たちの本能の奥底には、仲間を助ける、弱っている者を見すごせない何かが眠っている――。自分の力だけを頼みに生きるというのは一見カッコよく見えますが、実は人間の奥深いところを見誤った、愚かで損な生き方です。

聖書の言葉からは、そんなことが読み取れるのです。

第5章

50代からの「家族関係」

家族関係をシフトチェンジする

50代になると、それまでの職場やビジネスでの人間関係より、家族や友人といったプライベートな関係の比重が次第に大きくなります。40代に仕事ばかりしてきた人、会社の方ばかり向いていた人は、意識して家族や友人との関係を見直しましょう。

50代にもなると子どももある程度成長し、仕事でもほとんどの人が、言葉はよくないかもしれませんが「先が見える」ようになります。40代と同じモチベーション、エネルギーで仕事に向き合うことは難しいし、不自然になってくる。

もう一度身のまわりの人間関係、家族やプライベートの関係に向き合うとき、40代までとは違った視点と価値観が必要になります。

ところが能力があり仕事ができる人ほど、40代までのツケが大きいためか、家庭に向き合うことが難しくなっている人が少なくありません。

外務省でも、仕事一筋で家庭を顧みないようなタイプの人は少なからず職場で不倫をしていました。職場に愛人のような女性がいるという会社員も多いでしょう。「仕事人間の裏に不倫あり」というのが、私の経験からの結論です。

しかし、たいていパートナーは勘づいていて、知らない振りをしながらひそかに憎悪をたぎらせているもの。そうなると、母親の味方である子どもとの関係も冷え込むもの。私の知っているある大企業の執行役員は、「自分がまいた種だから、甘んじてその環境を受け入れる」と諦め顔で話していました。

家族との関係は、一度歯車が狂ってしまうとなかなか取り戻すのが難しい。少しでも早い段階からシフトチェンジをして、意識と行動を変えておく必要があります。

50代からは家族と友人を中心に

これに関して、最近読んだ漫画で強烈な印象に残ったのが、押見修造さんの『血の轍《わだち》』という作品です。北関東のある町の、どこにでもある普通の家庭が舞台。中学生の息子を溺愛し、いつまでも支配下に置こうと異常な行動をとる母親と、その息子の心理的な葛藤を描いたサイコサスペンスです。人生への興味を自分の息子にしか向けられなくなった母親の、独占欲の怖さが描かれています。

息子をもつ多くの母親たちから「あってはいけないけど、気持ちはわかる」と共感され、話題になっているようです。

背景にあるのは夫婦関係の希薄さ。父親が家庭を顧みないと母子が歪んだ関係になってしまうことがありますが、この漫画でも父親の存在感が非常に薄い。母親の関心が子どもだけに向けられてしまうことの弊害が、妙なリアリティをもって描かれています。

私も仕事人間に変わりはないのですが、忙しいときでも、できる限り家族と一緒にすごす時間を長くもつことを大原則にしています。

40代で512日間の勾留生活をした経験から、やはり最後に力になってくれるのは家族や友人といったプライベートな人間関係しかないことを痛感しているからです。

家族とは、とにかく一緒にすごす時間を長くすること。一緒にテレビを見る、犬や猫がいるなら一緒に遊ぶ、園芸などに一緒に没頭する——。極端な話、何もしないでボーっとしているだけでも、一緒に時間をすごせていればそれでいいのです。

50代以降の人生で意外に重要になってくるのが友人とのつき合い。学生時代からの友人とは、利害関係を超えてつき合うことができます。何年も会わずにいても、多感な時期を共にした仲間とはすぐに打ち解けて、昔のような関係に戻ることができる。

社会に出てからは利害関係を抜きにつき合うことはまずないので、どんなに親しくなってもこのような関係を築くのは難しい。利害を超えたところでの関係が、熟年から老年の人生を豊かにできるかどうかを左右します。

私自身、友人には恵まれた人生だと思っています。特捜に逮捕されたことで社会的な信用を一気にはく奪されたものの、昔から私を知っている友人は支援してくれました。人生の大きなピンチによって、私を取り巻く人たちはふるいにかけられ、信頼関係を築ける真の友人たちだけが残ったのです。

獄中にいるときに支援してくれた小中高校時代からの友人、同志社大学神学部時代の友人や先生方。そしていまも政治家として活躍している戦友でもある鈴木宗男さん。人生の危機のときに寄り添ってくれた人たちと、残りの人生を共にしていきたいと考えています。

最後までそばにいてくれるのは誰か

2018年10月、浦和高校で同級生だった豊島昭彦《とよしまあきひこ》君から連絡がきました。ステージ4のすい臓がんと診断されたというのです。その年の5月に高校の同級会があり、そこで彼と隣の席になった。40年ぶりに再会し、また連絡を取り合おうと約束した矢先の出来事でした。

『十五の夏』という著作でも書いていますが、私が高校1年の夏休みにソ連・東欧を旅行する際、空港まで見送りに来てくれた大切な友人です。

豊島君によると、ステージ4のすい臓がんの場合、確定診断からの持ち時間は中央値で290日。1年の生存率40%、5年の生存率はわずか1・7%です。彼には60代になったら小説を書いてみたいという希望があり、また老後の計画をいろいろ思い描いていたものの、この現実を前にして、それはかなわないと思うと彼は話しました。

それでも最後に、自分という人間が生きた証を残したいといいます。

そこで私ができることは何か？　結論は、一緒に彼の人生を綴った本をつくるということでした。3回のロングインタビューを行って1カ月で原稿を書き上げ、本が出版されたのが2019年4月22日。ところが直後の5月1日に胸と背中に痛みを感じ、その後激痛に襲われ自宅療養が難しくなりました。

6月6日、治療の甲斐もむなしく豊島君は永眠しました。

私自身、書ききれないほどのさまざまな葛藤がありました。とてもつらいことではありましたが、友人の人生における最期の時間を一緒に向き合うことができたのは、かけがえのないことです。

50歳をすぎて人生の終盤に向かうとき、人はさまざまな出来事に直面します。会社から追い出されたり、あるいは会社が突然倒産したり、離婚や死別を経験したり……。

そんな人生のつらい時間に、そばにいてくれる人がどれだけいるか？　一人でもいれば、私たちは力を得て救われます。

50代は人間関係を見つめ直し、本当に大切な関係を温める時期だといえます。

家事にも賃金が発生する⁉

熟年離婚が増えているといわれます。厚生労働省の調べによると、同居期間が20年以上の夫婦の離婚数は、1985年が2万4334組だったのに比べて、2016年は3万7604組と約1・8倍にもなります。

一方、国民全体での離婚数は1985年が16万6640組で、2016年は21万6798組と約1・3倍。熟年離婚の割合が高まっているということです。

さらに大きく変わったのが離婚の理由。裁判所が出している統計資料「司法統計」（2016年度版）によると、夫の離婚動機の2位に妻からの「精神的虐待」、8位に妻からの「暴力」がランクイン。ちなみ1985年時点では「精神的虐待」は8位、「暴力」などはランク外でした。女性からの離婚理由にも、夫からの「精神的虐待」（3位）、夫からの「暴力」（4位）がランクインしています。つまり最近では、男女ともに相手からの肉体的、精神的な暴力が離婚理由の上位になっているのです。

いま、夫婦関係はいろいろな意味で曲がり角にきています。先ほどの妻からの精神的な虐待や暴力は、男女の力関係が変わったと同時に、それほど主婦のフラストレーションが高まっていることを表しているのです。

ストレスの最大の理由は家事労働の不公平でしょう。独立行政法人労働政策研究・研修機構の「専業主婦世帯と共働き世帯の推移」によると、2017年における「専業主婦」の世帯は641万世帯なのに対し、「共働き」の世帯は1188万世帯と約2倍。

ところが、総務省の「男女別家事関連時間の推移」によると、「共働き」の世帯では男性の家事労働が「1日に46分」であるのに対して、女性は「1日に4時間54分」と、圧倒的に女性に負担がかかっていることがわかります。

共働き世帯が増えて、男性の家事参画が叫ばれているにもかかわらず、ほとんどの家事は相変わらず女性がしているというのが実態です。外に出て仕事をして、家でも家事をほとんどこなす。外食産業では一人で店を切り盛りする「ワンオペ」という言葉が流行っていますが、この国では家事労働も女性一人による「ワンオペ」状態なのです。

これでは、女性の不平等感が高まっていくのも当たり前でしょう。それがフラストレーションになっていることに、男性はあまりにも無自覚です。

夫婦の形が変わろうとしている

ただ、これまで女性に頼りきりだった50代の男性が、急に家事を分担するといってもなかなか難しい。下手に手伝うと、かえって仕事を増やしてしまう可能性もあります。

そこで私がすすめるのが家事のアウトソーシング。家の掃除も、いまは比較的安い値段で業者に頼むことができます。もう一つは、最新の家電製品を取り入れること。たとえば食洗機や乾燥機つきの洗濯機、ルンバのような自動掃除機など。使えるテクノロジーは最大限に利用すべきです。

あるいは、夕飯は妻の家事の負担が減るようにときどき外食に行くようにする。これも広い意味でのアウトソーシングといえるでしょう。

このように、家事労働の商品化はこれまで普及が遅れていましたが、「介護」についてはすでに商品化の普及が進んでいます。介護保険制度では、介護サービス事業者や施設が利用者にサービスを提供した場合、その対価として事業者に報酬が支払われます。サービスの内容によって、価格が細かく決められているのです。

いずれ、家事労働も介護保険制度のように商品化が普及し、その内容により価格が細かく設定されていくことになるでしょう。

共働きが前提の時代に、家事を奥さんだけに任せるのはあまりにも不平等。共働きで一生懸命稼いだ分、家事をアウトソーシングして時間的、精神的な余裕をつくる。50代男性がもつ家事の能力を考えたら、家事のアウトソーシングは現実的だと思います。

女性の負担も減り、時間的なゆとり、精神的なゆとりができれば、妻からの苦情は少なくなるはず。そう考えれば、多少お金がかかっても安いものだと思いませんか？

いまは時代の分岐点。古い夫婦の形、家庭の形にとらわれるのではなく、時代の流れに応じて一番いいやり方を模索すべきです。家事から解放された、「新しい夫婦の形」を考えるときがきているのかもしれません。

「おひとり様」が増え続けている理由

人生経験が浅いうちに結婚してしまうことが、熟年離婚の原因になるケースもあります。友人もどんどん結婚していくし、結婚したら何か大きく変わるのではないか？　いまよりも満たされるのではないか？　男性も女性も甘い計算をして、相手の性格もよく知らないまま一緒になってしまう。

ただし、相互依存と打算で結婚したツケはいろいろな形で回ってきます。結婚してから「こんなはずじゃ」と間違いに気がついても、すでに子どもがいる……。

ようやく子どもが手を離れる50代になって、お互いがもう一度自分の人生を振り返り、「ずっとこの人と一緒のままでいいのか？」とこれから先を考えるようになるのでしょう。

たとえば、私の知っている50代男性の奥さんは、娘さんの結婚式を挙げた翌日、「もうあなたと一緒にいることはできません」と出て行ったそうです。夫にとってはまさに青天の霹靂でした。

いまの社会では離婚の経験が大きなハンディキャップにならなくなっていることも、熟年離婚が増えている理由の一つかもしれません。離婚も、個人の自由な選択肢の一つ。バツがついたからといって、後ろ指をさされるような空気はほとんどなくなりました。

もう一つは、女性が経済的に自立しやすい社会になってきたこと。夫の稼ぎに頼らず、自分で仕事をして稼ぐことができる女性なら、子どもが巣立ったあと、我慢して結婚生活を続ける必要はありません。

ケース・バイ・ケースですが、肉体的・精神的暴力に耐え続けるような関係を続けて疲弊し、自分を見失うくらいなら、離婚して第二の人生に前向きに踏み出すのもありでしょう。

かくいう私も、39歳のときに一度離婚を経験しています。別れるほうがずっと大きな労力が必要だということも知りました。また、私自身の言葉の足らなさや至らなさも痛感しました。その体験と反省は、確実に二度目の結婚生活に生きています。

シングルで老後を迎えることのリスク

とはいえ、50代での離婚にはさまざまなリスクも想定しなければなりません。

まず挙げられるのが「経済的リスク」。女性が自立しやすくなってきたとはいえ、まだまだ男性に比べて不利な部分も多くありますから、慎重に考えなければなりません。

男性の場合は「家事リスク」。それまでまかせきりだった家事を、急に自分一人でしなければならなくなります。慣れていない人にこれはけっこう大変で、結局食事もコンビニ弁当やカップラーメンなどが中心になり、健康を害してしまう恐れがあります。

体を壊せば収入が危うくなりますし、あとあと医療費もかさんでくる。人生設計は大きく狂うでしょう。

子どもを引き取り、父子家庭になったとすればさらに深刻です。仕事をしながら家事をして、子どもの面倒も見る。ある程度は続いても、そのうち肉体的にも精神的にもまいってしまう。子どもにもしわ寄せがいくことになります。

そして、50代にとってもっとも重い足かせとなるのが「介護リスク」。早い人なら、50代後半から脳梗塞を起こして介護が必要になってくる場合がある。こんなときに、面倒を見てくれる家族がいないというのはかなりつらいです。

またこれは、別の人と再婚しようと思ったときに出てくるリスクでもあります。50代同士での再婚となると、両親の介護の問題がある。女性の場合に特に気をつけるべきなのは、相手の男性が自分の親の介護をさせる目的で結婚を迫ってくる場合があること。

5年間の介護サービスを利用すると、500万円はかかるといわれています。その負担軽減を目的に女性に近づく男性もいるようです。

これらのリスクがあることをしっかり見すえたうえで、「人生100年時代」といわれるこれからをどう乗り越えるのか。後悔のない決断をしたいところです。

不倫は必ずツケを払わされる

離婚の話が出たので、その大きな原因の一つである不倫について考えてみましょう。最近よく不倫問題が取りざたされていますが、これは昔に比べて不倫の数が増えたということではなく、世の中が不倫に対する寛容さを失っているのだと思います。

かつて石田純一さんが「不倫は文化だ」と発言したとして物議をかもしましたが、いまはそんなことを口に出すのもはばかられるような雰囲気があります。昔は歌謡曲にしても竹内まりやさんの「マンハッタン・キス」など、不倫をテーマにしたヒット曲が多くありました。そのような曲は、いまの時代ではおそらく流行しないでしょう。

このように、不倫に対するとらえ方は時代によって変わっていきます。戦前までは外に女性をつくるのは男の甲斐性だという認識がありました。奥さんのほかに女性をつくり、面倒を見るのが男の器量であり、経済力の証でもあった。

不倫に対する風当たりが強くなってきた原因の一つは、昔の日本と比べて、経済的な余裕がなくなってきたことも大きいと思います。デフレ不況の時代が長く続き、各家庭がいずれも家計を切り詰め、カツカツで生活している。そんななかで不倫などとんでもない。自分は我慢しているのに、ほかの誰かが好き勝手に奔放な行動をとるのは許せない。そんな気持ちが強くなってきているのではないでしょうか。

ストイックな生活を強いられるフラストレーションから、他者に対して何かと厳しくなってしまう。マスコミが感情的に不倫を糾弾するのも、そんな世の中のムードが影響しているのかもしれません。

ただし、世の中が厳しくなるほど、不倫はどんどん潜行して見えづらくなる傾向があります。職場での不倫も、実は相変わらず多いのではないでしょうか。

その多くは、入社したばかりの若い女性が、仕事を教えてくれる妻子もちの上司や先輩を好きになってしまうパターン。新人の女性にとって、仕事ができて面倒を見てくれる上司や先輩はとても頼もしく見え、知らず知らず恋愛感情を抱いてしまう。男性の上司のほうもそれを半分狙って下心見え見えで近づく、あるいは、そんなつもりはなかったのに若い女性の部下から好意をもたれ、気持ちが揺らいでしまうパターンもある。

男性にしてみれば、若い女性に頼られることで家庭では得られない自己肯定感や高揚感が手に入る。

私は大学でも教えていますが、学生たちには「社会に出たら、仕事を教えてくれる人物はつい全能に見えてしまうから気をつけたほうがいい。10年も仕事をすれば、そういう先輩もたいしたことはなかったとわかる」とアドバイスしています(笑)。

いうまでもないことですが、不倫は男性も女性もリスクを背負います。特に職場での不倫が問題になれば、解雇とまではいかなくても人事上の不利益があることを覚悟しなければなりません。50代ともなればそれなりの役職にもつき、部下などを引っ張る立場ですから、失うものもそれだけ多くなります。

特にお互いの関係がよいときには問題がなくても、一度関係が崩れてしまうと大変です。立場の強いほうが弱いほうに対してパワハラをしたり、異動をさせたりする。

逆に、女性がセクハラをされたとして、会社に訴えたりもする。かつてのように騒ぎを恐れて泣き寝入りするような人は多くありません。軽い気持ちで始めたことが思わぬ結果となって、重い責任を負わなければならないことになります。

人から祝福されない恋愛はしない――。不倫に対する認識は時代によって変わっても、基本はそこにあると私は考えます。

50代が人間関係を壊す二大要因

不倫に一瞬の快楽はあるかもしれませんが、その代償は大きい。家庭の崩壊だったり、財産を失ってしまったり、場合によっては異性のために会社のお金に手をつけてしまい、犯罪に手を染めてしまう人さえいます。

とはいえ、異性の友人関係はいつの年代でも刺激になるし必要なものです。

たとえば、趣味のサークルやボランティアなどの活動のなかで、異性の友人、仲間、同志として関係性を築く。そのなかで、異性の考え方や感覚、感性などを知り、刺激を受けるというのは創造的だし、とてもいいことです。特に男性の場合、50歳をすぎるとどんどん頭が固くなっていく傾向があります。固くなった思考や感性を柔らかくするのにも、女性の考え方、感覚に触れるのはとてもいいことです。

キリスト教でいう「愛」は、男女の恋愛（エロース）だけでなく、神の絶対的な愛（アガペー）、それに友人同士のお互いを尊重し合う友愛（フィリア）の3つに分けられます。50歳をすぎて異性との関係を築くなら、男女の恋愛（エロース）ではなく、友愛（フィリア）のほうを追求するべきでしょう。

男女間でいい関係を続けるための大切なルールとしては、お互いの知り得た情報を簡単に他人には漏らさないということがあります。

お互いの会話のなかでやりとりされた情報を他者に話したいときは、〝相手の了承を得てから話す〟という「サード・パーティ・ルール」に則りましょう。「この前聞いた話だけど、○○さんに話しても大丈夫かな？」と確認を取り合うのです。話したことが第三者に筒抜けになっては、思わぬ誤解やトラブルをまねきかねません。

これは男女間に限らず同性間でもいえること。親密な関係のなかで話したことはみだりに他言しない。ほかの人に話すときは必ず相手の確認をとるようにしましょう。

そしてもう一つ、関係性を一気に悪くしてしまう可能性があるのが「お金」です。

具体的にいえば、友人との間にお金の貸借関係をもってしまうこと。お金の貸し借りによってダメになってしまう友情は山ほどあります。お金とは権力の一つですから、純粋な関係が一気にきな臭い関係に変化してしまう。お金が絡むと、そこにはどうしても支配関係が生まれてしまうのです。

50歳をすぎたら、人間関係をこれまで以上に、大事に育んでいきたいもの。そのためには、その関係のなかに「性」と「お金」を絡ませないことが大事なポイントです。

子どもに不可欠な「非認知能力」とは

50代ともなると子どもはすでに大きくなっており、あまり手がかからなくなっているかもしれませんが、今度は教育や進学に頭を悩ませているという人も多いでしょう。

また、最近は晩婚化が進んでいて、50代でもまだ小さな子どもを抱えている家族がいます。もはやおじいちゃんに近くなった親の場合、子どもを猫かわいがりする傾向が強くなります。すると教育にもついつい力が入り、過保護で過干渉な親になってしまうケースがよく見られます。

そもそも、単に勉強ができる子どもを育てたいなら、「早回し」で教えればいいのです。

たとえば小学校1年生で習う勉強の範囲は決まっていますが、それを飛び越えてどんどん教えてしまう。1年生で2年生の内容の勉強、3年生で5年生の内容というふうに先取り学習をさせるのです。早回しで教えれば、幼稚園で連立方程式が解ける子、4ケタのかけ算ができる子も出てきます。

ただ、そういう能力を無理に身につけさせることが本当に子どもの成長にいいことなのか？　私は決していい結果になるとは考えません。勉強はできるようになるかもしれませんが、「非認知能力」の成長が妨げられてしまうからです。

たとえばみんなと一緒に遊ぶなかで、ブランコを横取りされ悔しくてケンカをしたら、相手に叩かれた。それで痛いと感じて大声で泣く。

そういう経験を通して、ブランコの順番は守らなければならないとか、人を叩いたら相手が痛い思いをするということを身をもって知る。そういう共感やコミュニケーションに関する能力が非認知能力です。これをペーパーテストで測ることはできません。

ところが、子どものころに無理やり英才教育を押しつけられると、この非認知能力を育む時間がなくなってしまうのです。

また、いろいろなメディアで「これからはグローバルな人材が求められる」などと語られるためか、日本ではなく海外で英語教育を受けさせたいという親も増えています。

アメリカに移住してアメリカ流の教育と英語を身につけさせる。最近はシンガポールやフィリピンで英語教育を受けさせる人も出てきています。

ただし、10年後、20年後もグローバリゼーションの流れが続いているかといえば、どうも怪しい。個人的にはいまのグローバリゼーションの揺り戻しがきて、むしろナショナリズムや、国家や地域の文化拘束性が強くなるのではないかと思っています。

そうなると、英語が話せる人材より自国の文化をよく理解している人、国語に強く自国語でさまざまな表現ができる人のほうが重要視されてくる可能性がある。これから人口が漸減するとはいえ、日本は国内市場がある程度の規模に達しているので、自国語さえできれば仕事を探すのには困らないはずです。

ですから、まずは国語をしっかり勉強するべきです。あとは数学を学ぶことによって、論理的な思考を身につけておく必要性はいうまでもありません。

子どもに見返りを求めていないか

偏差値は学力を測るものさしとして定着していますが、偏差値とは言葉の通り「偏り」。私はよく、「偏差値が高いというのは、それだけ偏っている人だということ」といっています。

偏差値63くらいでだいたい上位10%で、これが偏差値73を超えてくると上位1%という世界になる。大学入試偏差値は、高校入試偏差値に比べると低くなります。大学に進学する人が高校より少なくなるからです。高校入試の偏差値で考えると、東大合格者は偏差値80以上。これは上位0・1%以内で、実に1000人に1人以下ということです。

こういう人たちは、まさに「偏って」いるのです。成績、人格ともにとても優れた人がいる。他方、成績は優秀だけど、人間としてはいくつも「?」マークがつくような人もいる。役人にも政治家にも、東大卒なんだけど、言動が不安定で世間からバッシングされてきたような人物がけっこういるのです。

また、親が教育熱心すぎるというのも問題です。特に母と子の関係。教育熱心なお母さんは、子どもに対してどうしても過干渉、過保護になる。子どもは「母親の期待に応えなければ」という強迫観念のようなもので、次第にがんじがらめになっていきます。

こうした親は、子どもに何らかの見返りを求めているのです。教育ママも、子どもをいい学校に行かせることで、何らかの見返りを期待している。親こそ子離れが必要な時代かもしれません。子どもがある年齢に達したら、意図的に子どもと距離を置く。それができないのは、そこに純粋な愛情ではなく、子どもに期待する気持ち、さらにいえば見返りを求める気持ちがあるからなのです。

親が子を愛するのは、無償のものでなければいけません。

具体的には、子どもには介護を頼まない。老後は夫婦が自分たちの力で介護サービスを受けられるよう金銭的な余裕をつくり、計画を立てる。そのために子どもの教育費にすべてをかけるのではなく、大学は何とか国立に入れて、子どもにもアルバイトなどで学費や生活費を稼いでもらう。そうすれば子どもに金銭的な自立心がつきます。

子どもを親の私物化しない。親も子どもも自立した人生を生きるための教育、育て方をすることが大事だと考えます。

〝接続の悪さ〟が日本の教育の問題点

　ここで、日本の教育システムの問題点について思うところを述べます。

　私の考える一番の問題点は、中学と高校、大学と高校の〝接続の悪さ〟です。

　たとえば、大学の先生は自分たちの学生が高校までどんなことを教わってきたか、よくわかっていません。高校の先生のほうでも、大学でどんな勉強が学生に必要とされているのか、意識して授業をしていないのです。

　それからごく一部の大学を除いて、ほとんどの大学は自前のスタンダードな教科書をつくっていません。つくっているのは、たとえば東京大学。『教養英語読本』といった教科書を自らつくっています。また早稲田大学も、『数学基礎プラスα』、『数学基礎プラスβ』、『数学基礎プラスγ』という教科書をつくっています。

　ただしその早稲田大には、全学部が共通して使うような教科書はまだない。慶應義塾大もそうです。つまり日本においては、大学として統一的な教養教育ができているところがまだまだ少ないのです。

その点、東大は統一されていて、文Ⅰ、文Ⅱ、文Ⅲと理Ⅰ、理Ⅱ、理Ⅲと、教養課程では学部をまたいで共通の教科書が用いられます。私の出身大学である同志社大学もかつては文系と理系の統一での教養課程がありました。

日本の大学教育においては、全学部共通の教養課程が諸外国に比べて弱い。マンモス大学では統一的な教育をするのは難しいとして、かといって小さな大学ではそれにふさわしい教師、指導者が不足しています。

つまり日本の大学では、幅広い知識を俯瞰して教えられる教養課程向きの人材が非常に少ないのです。

偏差値が高い学部ほど人気になる不思議

早稲田大学の偏差値の高い学部といえば、まず政治経済学部。次に法学部、それから商学部というのが以前の共通認識でした。ところがいまは、社会科学部の偏差値が70。昔からトップランクだった政治経済学部が偏差値70ですから、それと変わりません。

ちなみに法学部は偏差値67・5。社会科学部は法学部より入るのが難しいことになります。文学部が67・5、文化構想学部も67・5。かつて「社学」と呼ばれ、夜間学部だった社会科学部が、いまや政経と肩を並べるほどの難易度になっているのです。

どうしてこうなったかというと、社会科学部は1998年に夜間学部から昼夜開講学部へ、そして2009年には昼間学部へと移行。早稲田のなかでも入りやすい学部ということで学生が殺到し、偏差値が上がっていったのです。

すると、講義の内容がどうかということより、偏差値が高いというだけで社会科学部を目指そうとする人がさらに増える。偏差値が高い学部なら、その後の就職に有利かもしれないという考えもあるでしょう。

そんなことが要因になって、偏差値が上がっていったと考えられています。その背景には、受験生やその親たちが、「その学部ではどんな講義が行われているのか」という学びの内容より、「とにかく高い偏差値のところへ」ということにこだわって学校や学部を選んでいるのではないか。そんな憶測をしてしまいます。

東大でも似たような地殻変動が起こっていて、たとえばかつては経済学部より法学部の人気がはるかに高かったのですが、いまでは経済学部と法学部がほぼ並んでいる。「社会に出てつぶしがきくのは、やはり経済学部」ということだと思いますが、近視眼的な大学選びだといわざるをえません。

東大に入るなら、将来の日本を背負って立つような志の高さを期待してしまいますが、残念ながらいまは、世間ずれした人たちが増えているようです。

こうした状況を見ると、多くのエリートを輩出した戦前の教育制度のほうがよかったというような意見も聞きますが、私は必ずしもいいものだったとは思いません。

戦前は全体としての進学率が絶対的に低く、中学校に上がれた人の比率はいまの大学進学率より低かったくらいです。

ただし、高等教育にさまざまな選択肢があったことも事実。大学進学というコースがダメでも、師範学校（教員養成学校）に行く人、軍の学校に行く人、工業系の学校に進む人、商業系の学校に進む人など、高等教育の専門コースが複線化していました。つまり、それぞれの分野にエリートが分散していたのです。

ところが戦後は教育の一本化へとベクトルが動き出しました。偏差値が導入されることで、さらにその傾向に拍車がかかった。偏差値教育の問題は、何といっても教育が単線化してしまうことです。すべてが同一の価値基準で測られ、順位づけされてしまう。そこから一度外れるとなかなかリカバリーできません。

まずは、いまの日本の学校教育システムが歪んだものであると認識すること。そのうえで、それを補完するための教育を、これからの若い人にどうすれば与えられるのか。もしお子さんがいるなら、それを真剣に考えるべきだと思います。

子どもが親の介護をする時代は終わる

家族の話で避けて通れないのが介護の問題です。

50代になると、自分の親の面倒をどう見るかということが一気に実感として身に迫ってくる。一番の問題は、経済的な余力がどこまであるかです。

特に問題になるのが、都会で働いている地方出身者の場合。たとえば、父親が亡くなり体の不自由な母親が地元で一人暮らしになった。近くにきょうだいも住んでいない。引き取りたいと奥さんに相談すると、ＯＫしてくれた。

ところが、経済的な面を実際に詰めていくと、いろいろ難しいことがわかってくる。引っ越し費用はどうするのか、生活費は入れてもらえるのか、部屋を用意しようにも狭くて物理的に無理……。いろいろな意味で余裕がない。

バブル期までの経済的に余裕のある時代なら、子どもが親の面倒を見ることは当たり前でした。しかし、いまはデフレ経済で給料が上がる見込みはありません。これから子どもの教育費がかかり、自分たちの老後の資金さえ危うい。このような経済的に厳しい状態で、親の面倒を見る余裕のない人が増えているのです。

この傾向は今後さらに強くなっていくでしょう。ですから、自分の老後に介護が必要になったとき、子どもに頼らず自分の力で生きていく方法を考えるべきです。

また、60代、70代の高齢の人が80代、90代になる自分の親の介護をする、いわゆる「老老介護」で共倒れになる事例が目につきます。

無理をしてしまうのは、もともと真面目で責任感が強い人が多い。親を施設に預けるのはかわいそうだ、周りからどう思われるか気になる、人の世話にはなりたくない……。このように考える人は、共倒れの悲劇に見舞われやすいようです。

親の面倒は、決して一人で抱え込まないことが鉄則。きょうだいや近隣の知り合いなどの助けがなければ、すぐにでも行政サービスを頼るべきです。

『介護破産 働きながら介護を続ける方法』（結城康博、村田くみ）によると、年老いて介護が必要になった親を看取るまでの費用の目安は540万円ほど。介護期間の平均が約5年間といいますから、年に約１００万円、月に10万円弱かかる計算になります。この額に、日々の生活費が加算されていくのです。

雨宮処凜さんの『非正規・単身・アラフォー女性「失われた世代」の絶望と希望』という著書には、大手百貨店で年収１０００万円だった40代男性が親の介護のために離職したところ、両親の介護ですべてお金を使い果たし、一時ホームレスになってしまったという例が紹介されています。

親の介護のためとはいえ、安易に仕事を辞めてしまうと取り返しがつきません。公的扶助、公的サービスを活用するなど、一人で抱え込まずに介護をアウトソーシングして、仕事はなんとしてでも続けるべきです。

現状、「養護老人ホーム」「特別養護老人ホーム」「老人福祉センター」「老人介護支援センター」など、さまざまな老人福祉施設が運営されています。

これらの公的サービスを最大限利用し、介護の専門家の力を上手に借りることが、親も自分も不幸にならない最大のポイントです。

これからの時代は、「介護は専門家に。愛情は家族で」が基本になります。病気になったら医者に診せるのと同じように、介護が必要となったらしかるべき専門のプロにお願いする。すべて自分で抱えようとせず、積極的に専門家に頼っていくことが大事です。

意外に手厚い日本の介護支援制度

しかし、いざ介護が必要になったとき、ほとんどの人は真っ先にどこに飛び込むべきかを知りません。どのような施設があり、どんなサービスがあるのかということについても、あらかじめしっかりリサーチしておく必要があります。

「地域包括支援センター」は、介護を考え始めたときにまず知っておきたい地域の総合相談窓口。保健師や社会福祉士、ケアマネージャーなどが、介護の問題を包括的にサポートしてくれる心強い機関です。

親の介護の問題を考え始めたら、まずはインターネットで、地元の地域包括支援センターの連絡先を調べ、電話をしてみましょう。要介護にならないために早い段階で対処するという予防の役割も担っているので、介護そのものを遠ざけることもできます。

次に大事なのが、公的保険や公的サービスをどこまで受けることができるのか、その範囲と内容をしっかり把握しておくこと。できるだけ公的扶助を利用することで、経済的な負担はもとより、肉体的な負担や精神的な負担も軽くすることができます。

たとえば介護保険制度には、医療費を補助するだけでなく、バリアフリーなど住宅改修費を支給する制度もあります。手すりの取りつけや段差解消などの改修費が、上限の20万円まで1割負担ですむのです。

また、介護休業制度をご存じでしょうか？ 自分の両親、配偶者の両親など、介護が必要で自分が世話をしなければならない場合、対象家族一人につき約3カ月（93日間）まで、会社を休業できるという制度です。

この間は、介護休業給付金として休業直前まで受け取っていた給与の3分の2が支払われます。国による介護離職を減らすための制度なので、いざというときには大いに利用するべきでしょう。

老人ホームなどの介護施設探しも、親が元気なうちから始めておいたほうがいいでしょう。まずは基本的な、公的な介護施設を押さえておきましょう。

種類としては、まず中～重度の介護を要する人が入居する「特別養護老人ホーム（特養）」があります。費用が安く人気があり、待機者が多いのが特徴です。月額利用料は10万円から15万円くらい。

リハビリをして在宅復帰を目指す高齢者を対象にした施設が「介護老人保健施設（老健）」です。３カ月おきに状態が判定され、入居・退去が決定されるのが特徴です。月額利用料は数万円から15万円ほど。

「介護療養型医療施設」は認知症も含めて、専門的な医療サービスを必要とする高齢者が入居するための施設です。月額利用料は相部屋で10万円から20万円くらい。

特に介護が必要ではなくとも、家族の支援が受けられない単身高齢者などに広く門戸を開いているのが「ケアハウス」です。月額利用料は数万円から15万円ほどですが、入居の場合には入居一時金などが必要になる場合もあります。

公的施設以外にも民間の施設がたくさんありますが、利用料はピンキリ。「介護付き有料老人ホーム」「住宅型有料老人ホーム」「サービス付き高齢者向け住宅」「グループホーム」などさまざまです。

議員のツテが介護の役に立つことも

ではいったい、どこの老人ホームがベストなのか。インターネットやパンフレットで情報を集めてみても、なかなか内部事情まではわかりません。なかには入居者が極端に少なく、サービスもよくない施設もあるようです。

できるだけ口コミ情報を集めることが重要です。一番いいのは、施設の近くに住んでいる同級生。すでに親の介護の問題に直面し、施設に入れている人なら、そのあたりの事情にも詳しいはずです。クラス会や同窓会などで情報収集をしてみるといいでしょう。

それから私がおすすめするのは、地域のことをよく知っている「市区町村議会の議員」。市区町村の議員は、有権者の相談に親身になって乗ってくれます。地域の情報に精通しているし、行政サービスにも詳しい。

役所の職員に相談しても、聞かれたサービスについては答えてくれますが、聞かれていないサービスまで教えてくれることはなかなかありません。仕事をできるだけ増やしたくないというお役所仕事の傾向はいまだにあります。

その点、市区町村の議員は親切に教えてくれます。もし何らかのコネクションがあるのであれば、市区町村の議員にアドバイスを求めるのが一番いいでしょう。

相談できる人、相談できる窓口を事前にたくさん確保しておけば、いざ介護になってもあわてなくてすみます。

「親にインタビュー」は最高の親孝行

私の両親はすでにこの世を去りましたが、だからこそ感じるのは、「親孝行」という言葉は観念的なものではなく、常に具体的なものだということです。

たとえばあなたが親と離れて暮らしているなら、夏休みや冬休みを利用して定期的に家族で一緒に会いに行き、孫の成長を見せてあげる。親がまだ元気なら、一緒に旅行をするのもいいかもしれません。別に遠くに行かなくても、親が生まれ育った土地や親子の思い出の場所を訪ねるのもいいでしょう。

最近はビデオチャットやSNSなど、簡単にお互いの顔を見ながら話せる通話アプリもあります。毎日ではなくても、週末ごとに自分たち家族の健康な笑顔を見せてあげるだけで親は安心します。

それから、親が若かったころの話を聞いてみる。意外に子どもは、親が若かったころのことを知りません。祖父母のことや親のきょうだいとのこと、学生時代のことや社会人になりたてのころのこと。恋愛から結婚、そして自分が誕生したころのこと。

インタビューすることで親は昔を思い出し、気持ちが若返ります。子どもであるみなさんも、親がどんなことを考えていたのかに気づき、新鮮な気持ちになるでしょう。50代からの親孝行には、「親にインタビュー」をおすすめします。

「そんな時間はない」「直接聞くのはなんだか照れくさい」という人は、プロのライターにお願いして、親の「自分史」を書いてもらうのもいいでしょう。実はいま「自分史」が静かなブームで、自分の歴史を残しておきたいという人が増えているそうです。

多少お金はかかりますが、親が伝えたいことを自分や子どものために本の形で残しておく。これもかなりの親孝行になるのではないでしょうか。

とはいえ、親孝行しなければならない、親のために何かしてあげなければ、という観念にとらわれすぎると、逆に負担やストレスになります。

体の不自由な親を虐待する子どものニュースなどを見ると、何てひどいんだと誰もが憤るでしょうが、実は本来は真面目で、親孝行で、がんばり屋の人がそうなってしまうことが多いのです。一人で親の世話を抱え込み、一生懸命やっているのに親に通じない。

そして感情が閾値を超えてしまった瞬間に、我慢を重ねた優しさが憎しみや怒りに転換してしまう。これは徐々にではなく一瞬にして起こる。自分は人並み以上に親を普段から思っているという人ほど、そうした悲劇に見舞われる可能性が高いのです。

つかず離れず。親孝行するのにも、適度な距離感が必要だと思います。

結局、一番の親孝行は自分の生活がきちんとできていて、健康で幸せな日々を送っていること。そしてその様子を、まめに親に伝えること。それさえできていれば、特別な親孝行は必要ないとさえいえるでしょう。

親を思う気持ちは死刑囚も同じ

親と子どもの関係を考えるとき、いつも決まって思い出すのが東京拘置所の独房に閉じ込められていたとき、隣の独房にいた坂口弘死刑囚のことです。坂口さんは連合赤軍のナンバー3で、あさま山荘事件の首謀者でもあります。最高裁判所への特別抗告も棄却され、すでに死刑が確定していました。

ある日、看守が坂口さんの独房に向かって「面会。お母さんだよ」というと、「おふくろ。すぐに行きます」といって、独房から廊下をいそいそと小走りに面会場に向かっていく後ろ姿が見えた。坂口さんの背中には、母親に会えるという嬉しさがにじみ出ていました。

そのときは私も、母親のことを思い出したものです。

勾留を解かれたあと、私は坂口さんのお母さんと文通したり、電話で話をしたりするようになりました。お母さんに、独房での坂口さんの様子をお伝えしたのです。

死刑囚と家族の面会は、数カ月に1回しか認められていません。お母さんからは「弘は、私や親類の様子について聞きたがるので、15分の面会時間はそれで終わってしまう。だから弘の獄中での生活について、あなたから聞くことができるのはとても嬉しい」といわれました。

子どもを思う親の気持ち。それを実感し、ささやかであれ報いたいと考え、何らかの行動をとる。親にとっては、それだけで十分幸せなことだと思うのです。

第6章

50代からの「自分磨き」

「情報」が教養レベルを下げている

最近は教養に関する本がよく売れているようですが、教養とはいったい何でしょう。あらためて考えてみたいと思います。

まずいえるのは、教養は単なる「情報」とは違うということ。解釈を引き出す力のない人間がいくらたくさんの情報を集めたからといって、それは教養や知性となることはありません。あるいは、偏見の強い人が自分に都合のいい情報だけを集めていれば、偏見がさらに増長されるだけです。

少し前の話になりますが、自民党の衆議院議員である杉田水脈《みお》氏が『新潮45』に『「LGBT」支援の度が過ぎる』との記事を寄稿し、問題になりました。「LGBT(性的少数者)には生産性がない」と主張する内容です。『新潮45』は次々号で彼女の発言への擁護論を展開し休刊しましたが、その内容も誤解を招くものでした。

擁護論の筆者は、「LGBTの当事者が生きづらいなら、痴漢症候群の男だって生きづらい」というたとえ話を用いたのですが、LGBTと痴漢という犯罪行為を同列に論じていると受け止められました。これには生理的な不快感を覚えた人も多かったと思います。

この問題に関しては、擁護論者と反対論者の双方に〝自分たちと価値観の違う人間は認めない〟〝自分の知らない世界や、少数者の意見は認めない〟という狭量な人が見受けられました。

インターネット上でさまざまなヘイトスピーチや陰謀論などが加速しているのも、こうした人々が増えているからこそ。そこに教養を感じることはできません。

人はえてして、情報や知識を多くもつと傲慢になりがちです。人より自分が知っていると思い傲岸不遜になる。その結果、他人を傷つけていることに気づけない。こういう人たちは、「相手の立場に立って物事を見る」ことができていません。

自分のなかの悪を認めるということ

では、本当の意味での知識や教養とは何でしょうか？

先日、あるパーキングエリアでトラックの運転手の方と話をする機会がありました。最近の運送業界はとにかく激務だそうで、高速道路の料金が安くなる深夜の時間帯までパーキングエリアで仮眠して待ち、深夜に走る。現場に着いたら膨大な量の荷物の上げ下ろしをたった一人でやらなければならない。そうやってクタクタになるまで働いても、月に40万円稼げるかどうかだと愚痴っていました。

そんな話を聞きながら、私はある大型書店で書店員の方と雑談をしたときのことをふと思い出しました。いま出版流通業界はドライバー不足、人件費上昇などの要因も重なって運送会社の撤退が相次ぎ、危機的状況を迎えている。書店員としては、お客さまから注文を受けた本がなかなか入ってこなくて困っているそうなのです。

トラック運転手の方が見ている世界と、書店員の方が見ている世界。それぞれ別の世界の話ですが、私のなかではつながっていて、「出版流通業界は限界が近い。そろそろ出版社が独自に物流を始める時代がやってくるかもしれない」と感じました。

インテリジェンスの世界に、「コレクティブ・インテリジェンス(集合知)」という言葉があります。いまのトラックの運転手の方と書店員の方の話のように、いろんな人たちのナマの情報を集めてみて、それを総合して情勢を判断することをいいます。

しかし、人の話を聞くときに自分の偏見や先入観が入ってしまうと、有益な情報を聞き逃したり判断を誤ったりしてしまう。コレクティブ・インテリジェンスにならないのです。

相手の立場に立って物事を見る、虚心坦懐に人の話を聞くという姿勢がとても大切になってきます。

ソクラテスは「無知の知」ということをいいましたが、教養のある人物ほど自分の知識の足りなさを知っている。「自分はまだまだ何も知らない」と常に謙虚さを保ち、周囲の話を聞くことがコレクティブ・インテリジェンスの基本です。

私はキリスト教徒なので聖書を常時参照しますが、そのなかに使徒パウロの印象的な言葉があります。

「私は、私のうち、すなわち、私の肉のうちに善が住んでいないのを知っています。私には善をしたいという願いがいつもあるのに、それを実行することがないからです。私は、自分でしたいと思う善を行わないで、かえって、したくない悪を行っています」（ローマ人への手紙7章、18節から19節）

〝自分は善である〟〝自分こそ正しい〟などと思った瞬間、人間は傲慢の罪に陥る。パウロは自分こそ善だ、と思いたがる人間の性を疑い、厳しい自己省察をしています。

自己に内在する「悪」や「罪」を認識している人は、他者にも寛容になれるはずです。

そういう人は偏見や先入観をもたず、虚心坦懐に他者の話に耳を傾けることができるでしょう。これこそが、真に教養のある人といえるのではないでしょうか。

いまの時代、とにかく多くの知識や情報を飾りのように身にまとい、教養人を装おうとする人も少なくありません。しかしそこに厳しい自己省察がない限り、真の教養人からはほど遠い人だと疑うべきでしょう。

日本は「教養のない国」なのか

もしかすると、日本は世界でも教養の低い国になっているのかもしれない。最近、そんなことを感じることが多々あります。

少し前になりますが、数学者の新井紀子さんによる「受付嬢ロボット」についてのコラムが新聞に載っていました。

日本では東京オリンピック・パラリンピックを視野に入れ、おもてなし用ロボットとして、「受付嬢ロボット」が開発されている。受付嬢ロボットは見た目も声も人間の「受付嬢」にそっくりで、従順そうで美しい風貌の若い女性をイメージしています。

ところがこの受付嬢ロボットについて、海外から批判が殺到しているというのです。アメリカやEUには受け入れがたいほどの「ジェンダーバイアス」があると。

ジェンダーバイアスとは男女の役割について固定的な観念をもつことで、「受付をするのは女性である」という男女差別が批判されているわけです。

ロボット開発という最先端の領域でこのようなジェンダーバイアスが出てくると、海外の人たちから「日本はデリカシーのない国だ」と見られても仕方がない。

いくら技術力があっても、「世界では当たり前の見識」や「世界のスタンダード」を見すごしてしまえば、日本人の教養は低いと見なされてしまいます。

これとは逆に感心したのが、長崎のハウステンボスで開業し、以後全国で展開している「変なホテル」。同ホテルでは受付や掃除人など、何から何までロボットが従業員だということで話題になりました。

恐竜型やゆるキャラ風、おもちゃ型などユニークなロボットがたくさんいて、ジェンダーバイアスを感じさせません。また、動物ではなく「恐竜」というのもよく配慮されている。仮にパンダや象などの動物型ロボットにすれば、「動物虐待を想起させる」と動物愛護団体からクレームがくるかもしれない。豚や牛にすれば宗教的な問題に発展する可能性がある。その点、恐竜であればどこからもクレームはきません。

世の中の状況を見極め、その反応を予測したうえで最適な選択をしている。「受付嬢ロボット」の開発者とは逆に、「変なホテル」の経営陣は、相当に教養の高い人たちであることが想像できます。

ネット上の誹謗合戦は日本ならでは

その国の教養の高さは、その国の「投稿型のサイト」に表れます。

たとえば「ウィキペディア」。ドイツやロシアのウィキペディアのレベルがとても高いのは、これらの国ではウィキペディアがアカデミックな領域として認識されているからです。一般の人はわきまえていて、書き込もうとはしません。ドイツのウィキペディアは、もはや百科事典のレベルです。

これに対して、日本のウィキペディアは多くの人が書き込みに参加している分、玉石混淆という印象です。間違いや誤字脱字は多いし、内容の薄いものも散見されます。決してレベルが高いとはいえません。

それから、以前は「2ちゃんねる」と呼ばれていた「5ちゃんねる掲示板」のようなサイト。ここまで誹謗中傷がオンパレードの掲示板は、ほかの国ではあまり見たことがない。さらにはアマゾンの書評欄やYouTubeのコメント欄を見ても、日本人の書き込みは徹底的に著者を攻撃したり人格否定を平気でしたりしている。欧米では、このようなことはあまり見られません。

日本の場合、欧米のように日ごろからディベート（議論）をする習慣がないというのが大きいのかもしれません。本来のディベートは相手を侮辱するためのものではなく、批判し合うなかでお互いの「論理的な弱点」を見つけ出し、物事への理解をより深めていくための手法。建設的な意味での〝やり合い〟ですね。

ところが日本では少し批判的なことを書くとすぐ感情的になり、侮辱の応酬が始まる。しまいには、まるで子どものケンカのようになじり合う。議論することでお互いに知性をブラッシュアップするという感覚がありません。「健全な批判精神」が未熟なのです。

これからの時代、日本人が教養レベルを上げるには、欧米並みのディベート文化や健全な批判精神を育むことが大切になってきます。

教養レベル低下の原因は戦後の教育改革

一方、戦前の日本人の教養レベルはかなり高かった。当時の学校制度は小学校で6年間、中等学校で5年間学び、その後3年間を高等学校で学ぶというものでした。この旧制の高等学校では、徹底的に基礎教養を身につけます。自然科学、社会科学、人文学、そして語学といった幅広い領域、いまでいうところのリベラルアーツ（教養教育）です。

そして20歳で大学に進むと、今度は一転、専門知識を徹底的に叩き込まれます。このシステムのおかげで、基礎教養と専門知識を兼ね備えた質の高いエリートがたくさん生まれたのです。

戦後、アメリカは明治維新後の日本が急速に発展した理由は教育水準の高さにあったのではないかと考え、教育レベルを落とすことに腐心したといわれます。アメリカの教育改革により、日本の教育レベルは戦前より一段階、落ちてしまうことになります。

具体的にいうと、いまの大学生が「旧制高校レベル」になり、いまの高校生が「旧制中学レベル」となってしまったのです。

さらに追い打ちをかけたのが1991年の大学設置基準の改正。それ以前の大学では2年生まで教養課程、3年生以上が専門課程というように段階が分かれていた。ところが、この改正で教養課程の単位を必ずしも取得しなくてもよいことになりました。この影響によって多くの大学で教養課程が次第に廃れていき、今日に至っています。

つまり戦後の日本では、教養を身につける課程が実質的になくなってしまったのです。日本人の教養レベルが大きく後退したのは、このような教育制度の変化によるところが大きいと私は考えています。

新たな統治者が歴史を書き直す

歴史においては、新しく統治する者がそれまでの民族の勢いを削いで国家の影響力を払拭するために、教育システムを変えてしまうことがよくあります。また過去の文化を断絶させるために、〝文字改革〟がなされることもよくあります。

たとえばロシア革命が起きたあと、ロシア語は文字が変えられました。たった3つの文字がなくなっただけですが、それだけで一般の人はもう昔のロシアの文献を一切読めなくなってしまったのです。

中国共産党も漢字を簡略化しましたが、これは識字率の向上というより、民衆が昔の文献を読めないようにすることが目的でした。

このように文字改革をすることで、それまで蓄積されたその国の歴史、文化、教養が断絶し、それによって自分たちに都合のいい統治ができるわけです。

これに近いことは日本でも起きています。いまの日本人で、古文や漢文をすらすら読める人はほとんどいないでしょう。

これは戦後のアメリカによる教育制度改革の影響で、古文や漢文を勉強する授業時間が極端に減らされてしまったからです。古文・漢文を読めなくすることで、それまでの日本の歴史を断絶し、日本が再び戦前と同じ道を歩まないようにする意図がありました。

先人の知恵がたくさん詰まった、自国の古典を読む機会がなかなかないというのは不自然なこと。日本人が教養を取り戻すには、古文や漢文の読み直しが必要です。

もし自分で古典を読み直したいと考えるなら、イチから古文や漢文を読むのはハードルが高い。まずは、自分が高校のときに使った教科書や参考書を手に入れて読んでみましょう。新しいテキストで学ぶより、過去に学んだ教科書で記憶を復活させるほうが、勉強法としてははるかに効率的です。

ちなみに私が教科書を推薦するなら、筑摩書房が出している『精選国語総合　古典編』『古典B（古文編）』『古典B（漢文編）』です。これで十分、古文や漢文の基礎を身につけることができるでしょう。

戦前の日本の学生たちは、古文や漢文をよく勉強しました。日本人としてのあり方、日本人としてのルーツを再確認するためにも、古文や漢文を再読する価値は十分にあります。

50代の教養磨きには高校教科書が最適

50代から教養をどう身につけるか？　前項でお伝えしたように、新しい体系知を身につけることはなかなか難しいとしても、過去に一度学んだまま眠っている記憶を呼び覚ますことは可能です。

かつて中学、高校で学んだことをもう一度学ぶには、まず高校の教科書や参考書を手に入れ、時間を見つけて読み直します。

一番に取り組みたいのは「国語」。現代国語の教科書は、文学はもちろん歴史や哲学、芸術といった文科系の文章から、物理や生物などの科学者の論文まで幅広く扱っています。現代国語の教科書自体がリベラルアーツの集大成だといえるでしょう。

次に「数学」です。数学がいまさら何の役に立つのかと思うかもしれませんが、論理的な思考を育むのに必要不可欠な学問です。世界の超エリートは、文系学生でも「偏微分」など日本の理科系大学生レベルの数学を理解しています。最先端の経済学では数学の知識が不可欠になっているからです。

そこまで学ぶ必要はもちろんありませんが、一般のビジネスパーソンも二次方程式や因数分解、統計などの「数学Ⅰ・A」レベルが理解できると、論理的思考力が格段に高まります。

それから学びたいのは「倫理」。世界中の思想家や哲学者の考えを知ることで、さまざまな思考の鋳型を学ぶことができます。

一見、実社会で役に立ちそうには思えないかもしれません。しかしたとえば、「アメリカとロシアがぶつかり合う根源的な理由は？」、「ＩＳはいったい何を目指そうとしているのか？」、「北朝鮮はなぜ突然融和策に切り替わったのか？」などの国際情勢を考えるのに、思想についての知識が大いに役立つのです。

その国を動かすキーマンはキリスト教徒なのか仏教徒なのか。左翼的な思想の持ち主なのか右翼的な思想の持ち主なのか。現実主義者なのか理想主義者なのか――。さまざまな思考の鋳型を知っておけば、その行動の動機が理解しやすくなります。そして動機がわかれば、国際情勢を分析するのがとても容易になります。

これは国際情勢に限ったことではなく、個人に対してもいえることです。その人の考え方や行動の根本には、どんな思想や哲学があるのか。それを探ることができれば、対人関係もスムーズになります。

高校の倫理の教科書や参考書はとてもよくできているので、読めばかなり詳しく学ぶことができます。特に山川出版社から出ている「もういちど読む」シリーズの『もういちど読む山川倫理』がおすすめ。この山川のシリーズはほかの教科書も秀逸で、余裕があったら『もういちど読む山川世界史』『もういちど読む山川地理』も読んでおきましょう。

理数系でのおすすめは、講談社の「ブルーバックス」シリーズに収蔵されている『素数入門―計算しながら理解できる』『数論入門―証明を理解しながら学べる』（ともに芹沢正三）、『不完全性定理とはなにか』（竹内薫）、『ゼロからわかるブラックホール』（大須賀健）。どれもわかりやすいうえに面白いです。

もう少し深く掘り下げたいのであれば、カルチャーセンターや大学の社会人向け講座もいいでしょう。また、「放送大学」もおすすめです。放送大学でたとえば数学を学び直すとしたら、数学者である隈部正博氏の授業『初歩からの数学』がいい。中学から大学工学部1年生くらいまでの内容を網羅しています。

私が注目しているのは、ネットで動画授業が受けられる「スタディサプリ」です。センター試験があるすべての科目に関してカリキュラムが組まれていて、大学センター試験を受ける学生の半数がこの「スタディサプリ」を利用しているそうです。

社会人なら一般常識として、現代文や漢文、世界史、日本史、英文解釈、数ⅠAなどの授業を受けてみるのもいいでしょう。

学生のころの好奇心と向学の気持ちに立ち返って、受験のためではない勉強をするというのも案外楽しいもの。そこから新しい世界が開かれ、50代以降の人生がより充実するきっかけにもなりえます。

見た目より頭のアンチエイジングを

キリスト教では、死は神が定めた不可避なことだという前提があります。そのためキリスト教文化圏では、老化に抗おうとするアンチエイジングや、死を回避しようとする臓器移植などに批判的な意見があります。

一方、中国や韓国、日本などはアンチエイジングに対する抵抗はあまりありません。キリスト教圏と仏教、儒教圏では感覚がかなり違うのです。

日本では最近、「サプリメント外来」が増えています。自由診療ですから、1回で数万円から数十万円はかかる。手軽なところではニンニク注射やビタミンCの点滴、シワを伸ばすためのボツリヌス菌の注射などがあります。

政治家はサプリをよく飲んでいます。やはり見た目が健康で元気がなくては信任が得られない職業だからでしょう。欧米でも、サプリを摂取するような健康のためのアンチエイジングには積極的です。

誰もがある程度は見た目の若さについて気にする時代ですが、どこまでケアすべきなのでしょう？　無理をして20代、30代の若さを求めるような行為は、客観的に見ると滑稽なことすらあります。50代として年相応に見えるのであれば、それ以上老けて見られないようなアンチエイジングを考えるくらいにしておきましょう。

前述したように、50代で大切なのは「頭のアンチエイジング」です。思考や感性の若さを保つのは、工夫次第で誰もが達成できるもの。50歳をすぎるとどうしても頭が固くなりがちですが、自分以外のいろんな意見や考え、感性を意識して許容するようにしましょう。自分は正しいと思うのと同じように、相手にも正しいと考えるだけの理由がある。「考え方は人それぞれだ」という前提をもっているだけで、思考の柔軟性をかなり確保できます。

頭のアンチエイジングに役立つと思うのは、意外なところで、高齢者のデイケアなどで使っている教材です。デイケアで使っている教材は、レベルでいうと幼稚園や小学校で使っているワークブックと同じくらい。

認知症の進行を遅らせるためのパズルや計算問題などは、60歳以降の人なら時間つぶしにやっているだけで脳トレ、アンチエイジングになります。

はじめての聖書の選び方、読み方

50代になると、仕事でもプライベートでもさまざまな転機が訪れます。悩みごとや問題に直面したとき、人生の岐路で迷うことがあるときにどうするか。そういうときこそ、古典、それも近代以前にまとめられた本を読むことをおすすめします。

特に聖書や仏典、コーランなどの古くからある宗教書はおすすめです。近代以降とはまったく違う価値観、視点で書かれているからこそ、新鮮な驚きや発見があるのです。

近代以降は理性と論理重視の時代だといえます。私たちは、意識しないままその価値観にどっぷりつかっている。だから近代以前の書物、特に宗教関連の本を読むと、現代の私たちの考え方では想像もできないような話がよく出てきます。

新約聖書の「ぶどう園の労働者のたとえ」(マタイによる福音書20章)の話を紹介しましょう。

いまの私たちの感覚からすると、そのぶどう園は賃金の支払いがメチャクチャ。早朝から夕方6時まで10時間以上も汗水たらして働いて、労働者の受け取る賃金が当時のお金で1デナリオン。

ところがあとから来て、夕方の5時から6時までたったの1時間しか働かなかった人の賃金も1デナリオン。しかも長時間働いた人の支払いがあと回しにされる……。

当然、長時間働いた人たちは怒ります。ところが主人はこういうのです。

「友よ、あなたに不当なことはしてはいない。あなたは私と1デナリオンの約束をしたではないか。私はこの最後の者（1時間しか働いていない人）にも、あなたと同じように支払ってやりたいのだ。自分のものを自分のしたいようにしてはいけないのか？　それとも、私の気前のよさをねたむのか」

現代の一般的な考えでは、10時間働いた人と1時間働いた人の賃金が同じというのは不公平でおかしな話。しかし、近代以前の感覚ではそうではないのです。

実はこれはたとえ話で、主人とは神であり労働者とは私たち人間のこと。つまり、神と人間との関係を表しています。誰に何をどう与えるかは神の自由で、受け取る側、つまり人間が神に対して不平をいう権利はないということを伝えているのです。

一方、現代はあらゆる人間が基本的には平等だということが前提です。論理整合性や合理的精神を重視するという特徴もあります。しかし近代以前の神と人間の世界では、その前提が成り立たないのです。

曖昧な世界だと思うかもしれません。しかし一方で、現代社会の過剰な平等意識や誰もが自分の権利と利益を主張することについて、多かれ少なかれ弊害を感じている人は多いのではないでしょうか。

神が選び、神が与えるのだから不公平があって当たり前。人の行いも心もみんな違うのだから、他者と比較したり恨んだりせず、自分と神の関係だけを基本として生きる――。

そういう時代の価値観を知ることで、いまの私たちの世界観が絶対ではないということがわかります。つまり価値の相対化ができるのです。

聖書は「引照つき」がおすすめ

また、聖書をしっかり読むと、意外なことにも気づきます。

たとえば、「隣人を自分のように愛しなさい」（マタイによる福音書22章39節）という有名な言葉があります。ポイントは「自分のように」という部分。つまり自分をしっかり愛せない人は、隣人も愛せないということなのです。

聖書には、意味が誤解されている部分も多くあります。

「人はパンだけで生きるものではない。神の口から出る一つ一つの言葉で生きる」（マタイによる福音書4章4節）という、これまた有名な言葉があります。

一般的には「人はパンという物質的なものだけでなく、精神的なものも大事だ」というように解釈されていますが、本来の意味は違うのです。同じ聖書の申命記8章3節には、「主はあなたを苦しめ、飢えさせ、あなたも先祖も味わったことのないマナを食べさせられた。人はパンだけで生きるのではなく、人は主の口から出るすべての言葉によって生きることをあなたに知らせるためであった」とあります。

昔、イスラエルの民が荒野で40年間もさまよったとき、主が「マナ」という食べ物を天から降らせました。神の言葉に従うなら、たとえパンはなくても、神は生きる糧、何かしらの食べ物を与えてくださる。

そのエピソードをもとに、「人はパンのみにて生きるにあらず」といったわけです。ですから「生きるためには精神的なものが必要だ」という意味ではありません。

このような誤解を避け、聖書の本当の意味を読み解くためにも、もし聖書を読んでみようと思うなら、「引照つき」のものを手に入れることをおすすめします。

先ほどの「人はパンだけで生きるものではない」という言葉には、引照として欄外に「申命記8章3節」と示されています。それに従って申命記を開けば、その内容がより正確に理解できるというわけです。

「引照つき」でおすすめなのは、『聖書協会共同訳』（日本聖書協会）。31年ぶりの新翻訳で、より理解しやすい言葉づかいになりました。「引照」によって文脈を踏まえた理解、深い解釈ができるようになっています。

まず新約聖書から読む

先ほど紹介した『聖書協会共同訳』には「旧約聖書」と「新約聖書」の両方が収蔵されていますが、はじめて聖書を読むという人は、まず「新約聖書」から読むことをおすすめします。なかでも、まず4つの「福音書」から読む。これらはイエス・キリストの教えと生涯についての記録ですが、互いに重複している部分も多くあります。

一番古い「マルコの福音書」から読み、次いで「ヨハネの福音書」「マタイの福音書」「ルカの福音書」と読んでいく。そのあとに「使徒言行録」（弟子たちの活動により初期キリスト教が発展する様子を描いたもの）、「ローマの信徒への手紙」（使徒パウロの手によるとされる書簡）の順で読み進んでいくのがいいでしょう。

「旧約聖書」は、「新約聖書」を読んでからのほうが理解しやすいでしょう。というのも、旧約は新約よりさらに非論理的で、現代の私たちの感覚では読み解きづらい記述や内容が多いからです。いきなり旧約聖書から読むと、まったく違う世界観に面食らって先に進めなくなる可能性があります。

たとえば、「創世記」の1章27節には「神は御自分にかたどって人を創造された。神にかたどって創造された。男と女に創造された」と書かれています。

ところが同じく「創世記」の2章21節には「主なる神はそこで、人を深い眠りに落とされた。人が眠り込むと、あばら骨の一部を抜き取り、その跡を肉でふさがれた。そして、人から抜き取ったあばら骨で女を造り上げられた」とあります。「女」が創造された経緯について、いっていることが明らかに矛盾しています。聖書の読み方に慣れていない場合、合理性や論理性の飛躍が大きすぎて理解不能だと感じてしまうのです。

ただし、その飛躍がむしろ新鮮で重要なのかもしれません。

「ポストモダンの時代」といわれて久しいですが、近代以降はなかなか新しい思想や価値観が生み出されていません。モダン、つまり近代の概念はそれだけ普遍的なのです。

だからこそ、プレモダンの思想、近代以前の思想にもう一度触れてみると、新しい価値観を創出するための大きなヒントになる。聖書はその意味でも有益な書物になりえます。

人間の〝原罪〟とは何か

聖書の教えの根本にあるのが、「人間は罪深い存在である」ということ。人間であることそれ自体がすでに一つの罪なのです。聖書にはこの「原罪」の思想が底流しています。

ただし、ここでも一般に少し誤解されている部分があるようなので、説明しましょう。

通常、キリスト教の「原罪」は、人類の祖であるアダムとエバが、楽園の禁断の木の実を食べたことに発するとされています。これによってアダムとエバは目が開き、知恵を得て、自分が裸であることに気がついた。それが神の怒りに触れ、彼らはエデンの園から追放されます。それによって人間の命は有限なものとなり、額に汗して働かなければ生きていけなくなった、というものです。

しかし、しっかり聖書を読み込むと、人間の原罪は禁断の木の実を食べたことではなく、別のところにあるとわかります。それは人間が常にウソをつき、事実をねじ曲げ、責任転嫁する存在であるということ。

たとえば、神様は最初にエバに何といったか？

「ただし、善悪の知識の木からは、決して食べてはならない。食べると必ず死んでしまう」（創世記2章17節）

ところがエバは蛇に「園の中央に生えている木の果実だけは、食べてはいけない、触れてもいけない、死んではいけないから、と神様はおっしゃいました」（創世記3章3節）と説明しています。

神は「善悪の知識の木からは食べるな」といったのであって、「園の中央に生えている木の果実」とはいっていません。また「触れてもいけない」とは一言もいっていない。かように人間は話を膨らませたり、ねじ曲げたりする性質があるのです。

また、神とアダムのやりとりを見てみましょう。

「とって食べるなと命じた木から食べたのか？」という神の問いに対して、アダムは「あなたが私とともにいるようにしてくださった女が、木からとって与えたので、食べました」（創世記3章11節〜12節）と答えます。

アダムはエバにすすめられて食べたこと、そのエバは神様が自分に与えてくれた存在であることをあえて強調しています。つまり食べてしまった責任は神にあると言外に示し、責任転嫁をしようとしているのです。

神はそこでエバに向かって問いただすと、

「蛇がだましたので、食べてしまいました」（同13節）と答えます。

しかし蛇はエバをだましたでしょうか？　蛇はエバに対して、

「それを食べると目が開け、神のように善悪を知るものとなることを神はご存じなのだ」（同4～5節）と伝えただけです。決して食べてみろとそそのかしたり、ましてやだましたりもしていません。

アダムもエバも神に問い詰められると、言い逃れるために話をすり替えたり、ごまかしたりする。私たち人間の罪は、真実をねじ曲げ、責任を逃れようとするというところにあるのです。

自分の罪を棚に上げていないか

キリスト教では、人間は罪から逃れることができない存在、罪を犯してしまう存在だと断じます。

「私は、自分の内には、つまり私の肉には、善が住んでいないことを知っています。善をなそうという意志はありますが、それを実行できないからです。私は自分の望む善を行わず、望まない悪を行っている」（ローマ信徒への手紙7章18節〜19節）

人間は善を志向しながらも悪を行ってしまう、弱く悲しい存在なのです。キリスト教はこのことを人間の原罪ととらえます。

ではどうすればいいか？　まず自分の罪を自覚するところから始めなければなりません。罪を自覚することで人は傲慢にならず、頭を垂れることができるようになります。そして他人の悪に対しても寛容になれるのです。

ところがいまの世の中では、自分の罪を自覚せず、他者の罪を攻撃し、それによって自分を正義の側において安心するという傾向が、政治でも一般社会でも多く見られるように感じます。ネットでは何か事件が起きるとすぐ犯人捜しを始める。ちょっとした過ちであっても、罪を犯したとされた人物は集中的に攻撃されます。

姦通の現場でとらえられた女を、律法学者やファリサイ派の人々がイエスの前に連れてきます。この女を律法に従って石打ちの死刑に処すべきかどうか問われたとき、イエスはどう答えたか？

「あなたたちのなかで罪を犯したことのない者が、まず、この女に石を投げなさい」（ヨハ

ネによる福音書8章7節）

人々は自らの罪に思い当たり、一人、また一人とその場を去っていきます。そして最後に女とイエスの二人だけが残されたとき、こういいます。

「私もあなたを罪に定めない。行きなさい。これからは、もう罪を犯してはならない」（ヨハネによる福音書8章11節）

罪を罰するのではなく、悔い改めさせる。その人に、新たな生き方をさせるのが神の意志に沿うことだ、というのがイエスの考えです。

「すべて人を裁く者よ、弁解の余地はない。あなたは他人を裁きながら、実は自分自身を罪に定めている。あなたも人を裁いて、同じことをしているからです」（ローマ人への手紙2章1節）

人間に人間を裁く権利はない、とイエスは説きます。ですから律法学者が罪を犯したものを裁き、まして処刑するなどというのは神に対する冒涜以外の何ものでもありません。仮に社会的に正義であっても、自らの罪を自覚せず他者の罪を裁くことは、キリスト教的世界観においては悪行なのです。

ビジネスの世界にこそ利他の精神を

他人を批判してSNSやブログを炎上させる人たち。ちょっとした過失をことさら責め立てるクレーマー。正義を振りかざし記者会見で特定の人物をつるし上げるマスコミ――。他者を責めたり裁いたりすることが悪だというキリスト教的視点からしたら、現代はまさに悪の巣窟ということになります。

大切なのは、自分が罪深いことをしているという意識、自分も何らかの罪に加担しているかもしれないという意識を、心のどこかにもつことだと思います。

一番の罪は、意識もなく罪を犯していること。自分は世の中でまっとうに、一生懸命に仕事をしていると信じながら、そのじつ罪を犯していることもあるのです。

利潤を上げることが第一の目的であるいまのビジネス社会では、仕事そのものに悪が内在しているといって過言ではありません。

ただし、私たちは仕事をして、お金を稼がなければ生活ができない。そんないまのビジネス社会では、キリスト教的な思想を実践するなんてとても無理だと思うかもしれません。

しかし、まずは「自分が得る」のではなく、「人に与える」という意識を少しでももつことです。利益や利潤を追うばかりではなく、社会貢献や他者貢献も考えること。

実際に世界の優良企業、顧客に支持され社会的に認められている「百年企業」などの経営理念を見ると、この社会貢献や利他の精神が必ず盛り込まれています。

「あなたがたもこのように働いて弱いものを助けるように、また、主イエス御自身が『受けるよりは与える方が幸いである』といわれた言葉を思い出すようにと、私はいつも身をもって示してきました」（使徒言行録20章35節）

自分だけが何かを得ようとする人より、普段からあまり損得を考えず、他人に与える人、自己犠牲の精神をもっている人が、結果的には多くの支持者や協力者を得て幸せな人生を送っています。みなさんのまわりにもそういう人物がいるのではないでしょうか。

自己犠牲というと大仰に感じますが、日常のちょっとしたことでもいいのです。ほかの人がやりたくない仕事を引き受ける。幹事など一見損な役割も率先してこなす。困っている人がいたら手を貸す――。

自ら罪深き存在である自覚をもちつつ、自分の利益ばかり求めることなく、人に与える、譲る。ささやかな利他の行為を、少しずつ積み上げていく。それがその人の人柄に、一種の美しさと厚みをもたせることになるのです。

過酷な運命を受け入れる力

人生にはときにさまざまな試練や困難が待ち受けています。なかにはあまりにも不条理で受け入れがたい苦難もある。突然の事故や事件などに巻き込まれ家族を失ってしまったり、予想すらしていなかった難病にかかって死に直面することになったり……。

大きな試練や苦難に遭遇したとき、世の中のほとんどの情報は役に立ちません。そのような状況になってはじめて、宗教とその教えが大きな意味と力をもってきます。聖書にある不条理で理不尽な話は、過酷な運命を目の前にした人にとって、何かしらの救いを得たいと考える人にとって最適なテキストになります。

典型的なのは旧約聖書の「ヨブ記」でしょう。昔、ウッという地にヨブという大変敬虔で信心深い人物がいました。真面目に働いて7人の息子と3人の娘をもち、何千頭もの羊やラクダ、牛などの家畜と、たくさんの使用人をもつ国一番の富豪でした。

ヨブの信心深さと行いをかねて称賛していた神は、サタンに自慢をします。するとサタンはその信心深さは結局ヨブが裕福だからで、財産を失い不幸に陥れば必ず神を呪うはずだと挑発します。

「お前の好きなようにしてみるがいい」と、神の許可を得たサタンは喜々としてヨブのあらゆる財産を奪います。まず略奪や天変地異を起こし、何千頭という家畜をすべて殺してしまいます。そして激しい突風を吹かせて宴会に集まった10人の子どもたちのテントを倒し、全員をいっぺんに殺してしまいます。

一瞬にしてすべてを失ってしまったヨブは服を切り裂き、髪をそり落とし、地にひれ伏して叫びます。

「私は裸で母の胎を出た。裸でそこに帰ろう。主は与え、主は奪う。主の御名はほめたたえられよ」(ヨブ記1章21節)

財産や家族を与えてくれたのは神なのだから、それを神に奪われたとしても文句をいうことなど何もない。それどころかヨブは神を称賛します。

思惑が外れたサタンは、さらにヨブをひどい皮膚病にかからせます。親友たちは、ヨブの信心が偽物だから不幸になったのだと非難します。それでもヨブの信仰は揺らぎません。

結局、ヨブの揺るがぬ信仰心によってサタンは敗れ、ヨブは再び元通りに神より財産を与えられ、家族も得ます。

神の教えに従った、もっとも信心深い人物がこんな悲惨で不幸な目にあうのです。たとえ信心深く生きていても、運命は必ずしも微笑んでくれるとは限らない。信仰心は決して現世の幸福や利益を約束するものではない。本当の信仰には、それくらいの覚悟が必要だということなのです。

振り返ってみれば、納得できないことや理不尽なことは、現代の私たちの日常生活、仕事のなかでも広く見られます。そのとき、人生や社会自体がそもそも理不尽で説明不可能なものだという諦観があれば、困難に耐えることが可能になるかもしれません。

聖書の価値観をそのまま受け入れることはできなくても、一種の諦観をもつことで世の中が違って見えてくる。すると、人生や人間関係が意外にうまく展開することもあります。

逆境でこそ時の流れを見定める

人生の壁や転換点、逆境に直面したとき、キリスト教に限らず、宗教書や哲学書をひもとくことで、救いを得られることがあります。聖書に違和感があるなら仏典でもいいし、孔子の教えである論語でもいい。古典には、何千年と変わらない人間の普遍的な真理が説かれています。

ちなみに、仏教の考え方は基本的に「因果論」です。原因があって結果がある。だから幸福も不幸もそれまで本人が積んできた行いが〝業〟となり、その報いがいま表れていると考えます。ですから仏教の考え方には、自分の行い次第で運命を変えられるという〝自力の精神〟がどこかにある。

一方、キリスト教では神の国に入る人、入らない人は最初から神によって決められています。つまり「決定論」です。人間は運命を決められない。だから、運命のすべては神に委ねるという他力の考え方です。

どちらの考えが正しいということはありません。そのときの自分の状態や状況に応じて、ふさわしい考え方を選ぶのでもいいでしょう。

これからの人生を前向きにチャレンジしたいと考えている人なら、仏教の因果論を信じるかもしれません。いま大変な逆境に陥りどん底にあえいでいる人は、キリスト教的な決定論を信じることで救いが得られるかもしれません。

私自身、鈴木宗男事件に連座する形で突然逮捕・勾留され、外務省を辞めることになって、一気に人生のどん底へと突き落とされたわけですが、そんなときに大きな支えになったのが旧約聖書の「コヘレトの言葉」です。

「何事にも時があり
天の下の出来事にはすべて定められた時がある。
生まれる時、死ぬ時
植える時、植えたものを抜く時
殺す時、癒す時
破壊する時、建てる時
泣く時、笑う時
嘆く時、踊る時
石を放つ時、石を集める時
抱擁の時、抱擁を遠ざける時
求める時、失う時
保つ時、放つ時

裂く時、縫う時
黙する時、語る時
愛する時、憎む時
戦いの時、平和の時。
人が労苦してみたところで何になろう。
私は、神が人の子らにお与えになった務めを見極めた。神はすべてを時宜にかなうように造り、また、永遠を思う心を人に与えられる。それでもなお、神のなさる業を始めから終りまで見極めることは許されていない」

（コヘレトの言葉　3章1節～11節）

私が事件の渦中にいるとき、同志社大学神学部と大学院神学研究科で指導を受けた恩師の緒方純雄先生が、直筆の丁寧な文字でこの言葉を書いて私に送ってくれました。緒方先生にお礼の電話をすると「いまはつらくて大変だろうが、時の流れは必ず変わる。その時を正しく見定めることが、佐藤君にはできる」と励ましていただきました。

人生の逆境はいつ何時、私たちを襲うかわかりません。ただし、どのような苦難であっても、時の流れを見定めることができれば必ず状況は変わり、乗り越えていける。そのことを私は実感として理解できました。緒方先生から送っていただいたコヘレトの言葉は、私の座右の銘となっています。

豊かな人生にはリスクも必要

イスラエルの歴史学者ユヴァル・ノア・ハラリが書いた『ホモ・デウス』は、人類史、科学、思想哲学にまたがって人間の未来を総合的に論じた作品です。

人類の幸福とはなんなのか、文明の目指す先がＡＩに代表される「不死の知性」だとしたら、そのとき人間と神性の関係はどうなるのか――。

また、人間の肉体的なパーツはだいたい90年しかもたないが、科学技術でパーツを差し替えられるようになれば寿命は延ばせると解説しています。そして、パーツの入れ替えによる「不死」が実際に可能になると、逆に人間は死なないためにあらゆるリスクを逃れようとするのではないか、という思考実験を行っています。

たとえば車に乗ることで交通事故にあうこともあれば、旅行をすることで事件や事故に巻き込まれたりすることもある。

ところが、「不死」が前提となればそのリスクがよりクローズアップされ、リスクを避けるためになるべく外に出ようとしなくなるかもしれない。逆にいうと、人間の命は有限であると考えるからこそ人はリスクをとり、冒険や挑戦ができるというのです。

この思考実験でわかるのは、本当に有意義な生き方、幸せな人生というのは、ある程度リスクと向き合い挑戦するところにあるということ。すなわち、死を前提にするからこそ、人は豊かな人生を送ることができるのです。

私たちは、肉体と心をいつまでも若く保ちたいと望みます。しかしそれが過剰になると死をできるだけ遠ざけたいと望むようになり、リスクをとることができなくなる。結果として、本当に有意義な生き方を選択できなくなる可能性もあるのです。

「いい死に方」を考える

50代になると直面する老いと死の問題について、宗教的な視点から考えてみましょう。

仏教では、「生・老・病・死」というのが人間の苦しみの根源だととらえます。生を与えられたことが苦しみの始まりであり、病気や老いで不自由になるのも苦しみであると。そして、生きているうちは死という概念が不安や苦しみにつながる――。

苦しみがどこから生まれてくるかといえば、仏教でいうところの「執着」です。生に対する執着、若さに対する執着、健康でいたいという執着。恐れや苦しみが生まれるには、何かしらの原因がある。このように仏教は因果律が前提になっています。

仏教には、「善因楽果・悪因苦果」という言葉もあります。現世あるいは前世で悪いことをした結果がいまの苦しみにつながり、よいことをした結果がいまの幸せにつながっている。すべて因縁、因果があって結果があるというのです。

仏教では、生まれてくること自体が苦しみです。人間は前世の悪業によって再びこの世に生まれてくるが、その悪業を断ち、輪廻の輪から外れて涅槃に入ることが解脱であり、真の救いである。仏教ではそう教えます。

一方のキリスト教は、考え方がまったく異なります。

前述した通り、キリスト教は因果論ではありません。いいことも悪いことも因果を超越した神の意志によるものだと考えます。人知や人為ではどうすることもできない、神の定めがある。これはキリスト教のなかでも、特にプロテスタントの改革派（カルバン派）に顕著な考え方です。

ですからどんなによい行いをしている人でも、不幸のどん底に落ちることもある。先ほどの旧約聖書の「ヨブ記」はまさにそんな話です。

キリスト教では、人間はいったん死んで魂も肉体もなくなるものの、イエス・キリストが再臨したときに選ばれた人だけが復活すると教えています。輪廻もあの世もないというのがキリスト教なのです。

聖書には「一粒の麦もし落ちて死なずば一つにてあらむ」という言葉があります。麦の一粒は、地に落ちれば自分自身はなくなってしまうが、それによって新たな芽が出てたくさんの実をつける。自分が消えることが、むしろ多くのものを生み出すことになる。死を恐れないどころか、死こそが救いだとするのがキリスト教なのです。

ですからキリスト教者は、死を先に延ばそうとか、まして不死を願うということは考えません。神の定めの通りに老いて、神の定めの通りに死を迎える。それが人間として当たり前の生き方だとされているからです。

遺書で自分の死と向き合う

50歳をすぎたら、誰もが一度、自分自身の死と向き合ってみるべきではないでしょうか。一番いいのは、簡単でもいいから自分で遺書を書いてみること。死んだあと、どうすれば残された人が迷わず悩まずに自分の死と向き合えるか。身のまわりの整理、お金や財産のこと、言い残しておきたいことなどを紙に書いておきましょう。

私の高校時代の旧友である豊島昭彦君がすい臓がんで亡くなったことは前にも触れました。豊島君は最初は悩んだらしいですが、結局どうすることもできない現実に気づき、残り少ない人生を精いっぱい生きることに決めたといいます。私はそれをできる限りサポートしたいと考えました。

具体的には、小説家になりたかったという彼の作品(『小説 豊国廟考 ―夢のまた夢―』)を世に出すお手伝いをして、あとは私と彼の学生時代のエピソードを綴ったドキュメンタリー作品を一緒につくりました。

彼を見ていて、人間は死とどう向き合うべきかということを教えられました。どんなにアンチエイジングで若さを保っても、誰もが最後は死というゴールを迎える。

では死とどう向き合うか。遺書を書くというと、なんだかとても暗い気分になるかもしれません。しかし避けることのできない事実を見つめると、そこからいま50代である私たちが何をすべきかが見えてきます。

それは当然人それぞれでしょうが、終わり（＝エンド）を考えることでいまの自分の姿も、なすべきことも明らかになる。

エンドとは「終わり」という意味のほかに「完成」という意味もある。それはキリスト教の歴史観でもありますが、まさに50代は自分の人生を完成させるために、ゴールを意識する年代だといえるのかもしれません。

青春新書
INTELLIGENCE

こころ涌き立つ「知」の冒険

いまを生きる

"青春新書"は昭和三一年に——若い日に常にあなたの心の友として、その糧となり実になる多様な知恵が、生きる指標として勇気と力になり、すぐに役立つ——をモットーに創刊された。

そして昭和三八年、新しい時代の気運の中で、新書"プレイブックス"にその役目のバトンを渡した。「人生を自由自在に活動《プレイ》する」のキャッチコピーのもと——すべてのうっ積を吹きとばし、自由闊達な活動力を培養し、勇気と自信を生み出す最も楽しいシリーズ——となった。

いまや、私たちはバブル経済崩壊後の混沌とした価値観のただ中にいる。その価値観は常に未曾有の変貌を見せ、社会は少子高齢化し、地球規模の環境問題等は解決の兆しを見せない。私たちはあらゆる不安と懐疑に対峙している。

本シリーズ"青春新書インテリジェンス"はまさに、この時代の欲求によってプレイブックスから分化・刊行された。それは即ち、「心の中に自らの青春の輝きを失わない旺盛な知力、活力への欲求」に他ならない。応えるべきキャッチコピーは「こころ涌き立つ"知"の冒険」である。

予測のつかない時代にあって、一人ひとりの足元を照らし出すシリーズでありたいと願う。青春出版社は本年創業五〇周年を迎えた。これはひとえに長年に亘る多くの読者の熱いご支持の賜物である。社員一同深く感謝し、より一層世の中に希望と勇気の明るい光を放つ書籍を出版すべく、鋭意志すものである。

平成一七年

刊行者　小澤源太郎

著者紹介

佐藤 優〈さとう まさる〉

1960年東京都生まれ。作家、元外務省主任分析官。85年、同志社大学大学院神学研究科修了。外務省に入省し、在ロシア連邦日本国大使館に勤務。その後、本省国際情報局分析第一課で、主任分析官として対ロシア外交の最前線で活躍。2002年、背任と偽計業務妨害容疑で逮捕、起訴され、09年6月有罪確定。現在は執筆や講演、寄稿などを通して積極的な言論活動を展開している。

50代《だい》からの人生戦略《じんせいせんりゃく》

青春新書 INTELLIGENCE

2020年1月15日 第1刷

著者 佐《さ》藤《とう》 優《まさる》

発行者 小澤源太郎

責任編集 株式会社プライム涌光

電話 編集部 03(3203)2850

発行所 東京都新宿区若松町12番1号 〒162-0056 株式会社青春出版社

電話 営業部 03(3207)1916 振替番号 00190-7-98602

印刷・中央精版印刷 製本・ナショナル製本

ISBN978-4-413-04589-6

©Masaru Sato 2020 Printed in Japan

本書の内容の一部あるいは全部を無断で複写(コピー)することは著作権法上認められている場合を除き、禁じられています。

万一、落丁、乱丁がありました節は、お取りかえします。

こころ涌き立つ「知」の冒険!

青春新書
INTELLIGENCE

なぜか、やる気がそがれる 問題な職場	見波利幸	PI·554
中学単語でここまで通じる! 英会話〈ネイティブ流〉使い回しの100単語	デイビッド・セイン	PI·555
江戸の「水路」でたどる! 水の都 東京の歴史散歩	中江克己	PI·556
政権を支えた仕事師たちの才覚 官房長官と幹事長	橋本五郎	PI·557
ジェフ・ベゾス 未来と手を組む言葉	武井一巳	PI·558
【最新版】「うつ」は食べ物が原因だった!	溝口 徹	PI·559
日本一相続を扱う行政書士が教える 子どもを幸せにする遺言書	倉敷昭久	PI·560
毎日の「つながらない1時間」が知性を育む ネット断ち	齋藤 孝	PI·561
ドイツ人はなぜ、年290万円でも生活が「豊か」なのか	熊谷 徹	PI·562
人をつくる読書術	佐藤 優	PI·563
定年前後「これだけ」やればいい	郡山史郎	PI·564
理系で読み解く すごい日本史	竹村公太郎［監修］	PI·565
図解 うまくいっている会社の「儲け」の仕組み	株式会社タンクフル	PI·566
子どもの自己肯定感を高めるヒント 「いい親」をやめるとラクになる	古荘純一	PI·567
図説 地図とあらすじでスッキリわかる! 動乱の室町時代と15人の足利将軍	山田邦明［監修］	PI·568
「手放す」ことで、初めて手に入るもの 50歳からのゼロ・リセット	本田直之	PI·569
英会話 その勉強ではもったいない!	デイビッド・セイン	PI·570
「脳が老化」する前に知っておきたいこと	和田秀樹	PI·571
図説 地図とあらすじでわかる! 万葉集〈新版〉	坂本 勝［監修］	PI·572
最新医学からの検証 うつと発達障害	岩波 明	PI·573
僕らの世界を作りかえる哲学の授業	土屋陽介	PI·574
写真で記憶が甦る! 懐かしの鉄道 車両・路線・駅舎の旅	櫻田 純	PI·575
「下半身の冷え」が老化の原因だった	石原結實	PI·576
いつもの薬が病気・老化を進行させていた 薬は減らせる!	宇多川久美子	PI·577

お願い ページわりの関係からここでは一部の既刊本しか掲載してありません。折り込みの出版案内もご参考にご覧ください。